arrêtez de
râler !

Éditions d'Organisation
1, rue Thénard
75240 Paris cedex 05
Connectez-vous sur notre site :
www.editions-organisation.com

Mireille Brahic

arrêtez de râler !

Éditions
d'Organisation

À Charlotte et Tiia

L'ouvrage
en une page

Savoir comment se conduire face à un râleur, c'est bien.
Éviter de fabriquer des râleurs, c'est mieux !

Sommaire

DEUXIÈME PARTIE

●

«Ils» n'agissent pas «exprès» pour nous faire râler

---

* Les mots repérés par un astérisque sont définis dans le glossaire page 253

Introduction

Savoir comment se conduire face
à un râleur, c'est bien.
Éviter de fabriquer des râleurs,
c'est mieux !

Ce livre commence où souvent s'arrête la gestion des conflits. Ceux qui s'y consacrent considèrent, en effet, avoir poussé l'audace assez loin en traitant l'aspect humain des problèmes, au-delà des questions de méthode, par le remaniement de l'organigramme. Mais ils déclarent forfait lorsqu'il s'agit, selon leurs termes, *« d'antipathies ou de répulsions »*, *« de goûts et de couleurs »*, qu'ils considèrent comme inhérents à la vie en communauté mais insolubles au sein de l'entreprise où ces états d'âme n'ont, d'ailleurs, pas leur place.

Cela revient à occulter tous les problèmes, qui sont somme toute nombreux, issus des différences de caractère, d'éducation, de culture, d'opinion, simplement parce que ces différences se cachent derrière les sentiments et les émotions à travers lesquels elles s'expriment. Problèmes qui, de plus, sont souvent la vraie cause de conflits concrets en apparence. Cela revient à laisser s'installer impunément une ambiance *«pourrie»* dans un service, voire une entreprise tout entière.

Notre culture, et pas uniquement dans l'entreprise, nie les émotions et réprime leur expression. Il semble que le désir des populations actuelles soit d'évoluer dans un monde où tout est sous contrôle, où la guerre doit être *«propre»*, où rien ne doit venir heurter notre conscience, surtout pas la vieillesse, ni la maladie ni la mort. En effet, les conflits authentiques sont soigneusement évités en focalisant un mécontentement confus sur des cibles désignées et anonymes comme les *«politiques»*, *«jeunes»* ou les *«ils»*. Écoutez plus attentivement les interviews que nous proposent les actualités télévisées, tout le monde *«lutte»*, mais contre qui ? Contre des *«ils»* qui leur sont plus proches qu'ils ne le croient et avec qui, même, ils entretiennent des relations, bien que superficielles et édulcorées.

Dans l'entreprise, précisément pour éviter l'expression de ces émotions indésirables, certains responsables hiérarchiques s'appliquent à étouffer les conflits : il y est tacitement interdit de parler de problèmes-personnels-qui-n'ont-rien-à-faire-au-travail. Ce comportement va de pair avec la culture de rapports distants, très ritualisés dans lesquels le collaborateur se sent méprisé. Cela n'empêche, d'ailleurs, aucunement le mécontentement, au contraire, les rancœurs s'exaspèrent. D'autres responsables, toujours pour éviter remous et revendications, sont eux-mêmes à l'origine du mécontentement de leurs collaborateurs. En effet, ils pratiquent un management flou, dans lequel les rôles sont mal définis, où, par exemple, trois cadres ne se sont pas réparti officiellement les diverses missions et empiètent constamment sur les différents domaines, donnant ordre et contrordres. Ils croient ainsi se réserver des options futures ou dominer leurs collaborateurs qui, pensent-ils, sans éléments concrets, ne pourront pas les juger et se plaindre. Ils oublient qu'un projet entrepris sans rigueur, dans une situation mal maîtrisée parce que mal définie, ne sera jamais une belle réussite mais un minable pis-aller. Ils oublient aussi que ce n'est pas leur *«flou»* artistiquement entretenu qui empêchera leurs collaborateurs de parler entre eux. Et, c'est à l'occasion de ces discussions entre collègues, qu'apparaît l'incompatibilité des consignes, à laquelle chacun réagit selon sa personnalité, alimentant un mécontentement qui un jour s'embrasera... à la surprise générale.

De leur côté, toujours pour éviter les émotions proscrites, de nombreux collaborateurs rejettent toute idée de recoupement entre leur personne et leur profession et sont terrorisés à l'idée qu'on pourrait leur poser, lors d'un entretien, une question qui leur demande, même pas leur religion, leur opinion politique ou les détails de leur vie amoureuse, mais simplement leurs goûts, leurs avis, leurs projets. Quelle impudeur que d'avoir à exprimer une idée personnelle ! De la sorte, leur mécontentement est ressenti mais jamais exprimé, du moins jamais efficacement et jamais envers le bon interlocuteur. Que de consultants se trouvent pris à parti dans une bataille qui n'est pas la leur, que de formateurs se voient agressés en place de la hiérarchie ; que de mal nous veulent ces « *ils* » qui n'en font qu'à leur tête exprès pour contrarier leurs collaborateurs.

Que de haine naît de l'imaginaire ; que d'actions revendicatives sont lancées avant que soit prise la peine de demander des explications !

Ce soigneux clivage*[1] « *personne* » et « *profession* » empêche, par ailleurs, le collaborateur de s'impliquer dans son travail, provoquant une rage réciproque. En effet, de par leur silence, certains collaborateurs donnent l'impression de ne vouloir être que la machine qui vient faire ses heures pour obtenir son salaire. Ils s'offusquent d'avoir à se livrer lors de l'entretien annuel puis se révoltent de ne pas progresser dans la hiérarchie. Ils semblent espérer une promotion simplement parce qu'ils ont fait acte de présence un certain nombre d'années alors qu'une promotion dépend des capacités du salarié et de l'intérêt qu'il manifeste pour son travail. De plus, une promotion est souvent liée à un poste d'encadrement et l'encadrement demande des compétences humaines qui n'ont rien à voir avec l'ancienneté. Tant qu'ils refuseront de montrer leurs qualités humaines, ils ne pourront espérer aucune promotion. Ceux-là ne peuvent être que mécontents de leur vie dans l'entreprise, dans n'importe quelle entreprise ou administration.

---

1. Les mots repérés par un astérisque sont définis dans le glossaire à la page 253.

Ce clivage* et le mutisme qu'il suscite empêchent également une vision réaliste du fonctionnement de l'entreprise et participent à la rogne qu'engendre une reconversion ou le refus d'embaucher du personnel supplémentaire. En effet, pour être rentable, une entreprise doit assurer une production de biens ou de services qui corresponde aux besoins d'une clientèle. Ces besoins disparaissant, elle ne peut s'entêter dans sa production sans courir à sa perte. Chaque membre de l'entreprise a alors le devoir de travailler à sa reconversion. Il n'y a pas de « *ils* » qui, autocratiquement, pourraient décider pour leur « *bon plaisir* » d'une nouvelle orientation de la production. « *Ils* » sont toujours dépendants de la conjoncture économique (demande, concurrence, matériaux, machines…), de la loi, de l'état de leur trésorerie, de l'implantation de leurs locaux. L'existence d'un nouvel emploi, voire d'un nouveau métier, non plus, ne se décrète pas en haut lieu. Elle découle du besoin et de la possibilité financière. Il est illusoire de croire qu'à l'inverse de ce mécanisme, une entreprise est là uniquement pour employer des gens à l'envie afin de leur procurer des sous.

> **L'entreprise rémunère un travail indispensable à sa bonne marche et on ne peut être que mécontent lorsqu'on en attend autre chose.**
> **Tant que nous n'aborderons pas le fond des problèmes; tant que nous n'oserons pas approfondir les relations interpersonnelles en nous contentant de «*C'est peine perdue : ces deux là n'ont jamais pu se sentir*»; tant que nous nous refuserons à explorer notre fonctionnement mental nous ne comprendrons pas plus nos sentiments, nos réactions que ceux d'autrui et nous continuerons à ressentir et à provoquer une grogne chronique.**

Nous continuerons à nous battre contre des choses qui n'existent plus, contre les conditions de travail de l'époque de Zola qui ont, fort heureusement, évolué, contre les possesseurs autocrates d'entreprises, qui ne sont plus très nombreux aujourd'hui, contre les collaborateurs irresponsables qui le sont, bien souvent, parce qu'on a peur de leur donner des responsabilités et qu'on tricote soigneusement autour d'eux un maillage de secrets. Et nos revendications concrètes continueront à être un prétexte pour exprimer une insatisfaction plus profonde qu'il nous est interdit d'exprimer.

Nous engendrons donc des conflits en refusant le caractère humain de ce qui les provoque ; de ce fait, nous ne progressons pas dans la connaissance des comportements humains et, par conséquent, nous nous laissons aller étourdiment à des comportements néfastes.

Par exemple, notre nature projective* – qui a tendance à prêter aux autres des intentions qu'ils n'ont pas forcément – et réactive* – qui nous fait interrompre, avant même qu'il soit intégralement exprimé, l'exposé de toute opinion qui semble différente des nôtres – est un élément majeur de l'amplification de la grogne.

Et les occasions sont nombreuses où projection* et réactivité* se manifestent : réclamation du client insatisfait ; insultes de l'administré à bout de patience ; grève des collaborateurs incertains de leur avenir ; colère du supérieur hiérarchique déçu des résultats, procès du voisinage importuné sans être concerné ; manœuvres des groupes de pression… Voyez comme nous perdons là de belles occasions, non seulement de garder de bonnes relations avec autrui, mais aussi de tirer parti de cette rouspétance.

En effet savoir gérer l'urgence avec calme et discernement nous permet de surpasser notre intégrisme* ancestral et nous valorise, ainsi que tout ce que l'on représente.
De plus, l'effort commun de recherche de la résolution d'un conflit transforme les adversaires en partenaires susceptibles de poursuivre leur alliance au-delà de l'incident, parce qu'ils auront découvert à cette occasion des points communs qu'ils ne soupçonnaient pas lorsqu'ils ne se parlaient que sur le registre agressif. Mais il est encore plus important de savoir prévenir cette grogne par l'instauration d'un climat favorisant la satisfaction, non pas ce semblant de sérénité qui découle du mutisme, mais la quiétude engendrée par la transparence de la situation. Et cela n'est possible qu'après une réflexion sur les motivations humaines, qui permette à chacun de prendre du recul, de reconnaître sa part de responsabilité, puis d'exposer son mécontentement avec calme et objectivité.

Ce livre ne traite pas exclusivement de la situation d'accueil, mille fois présentée, il ne traite pas, non plus, de l'art de repousser le râleur ni de celui de gérer les diverses revendications classiques au sein d'une entreprise.

Ce livre traite de la grogne ordinaire, c'est-à-dire de celle qui s'est installée par l'usure, par la répétition de situations, de paroles qui contrarient et que l'on classe le plus souvent dans les problèmes ingérables car dépendant exclusivement du caractère des personnes.

Sa première partie rappelle la démarche de résolution des problèmes qu'il ne faut jamais perdre de vue, même en ce qui concerne les problèmes humains, et analyse différents motifs de la grogne ordinaire.

Sa deuxième partie fait une incursion dans la psychologie, en s'appliquant à ne pas abuser de termes ésotériques qui ne soient pas explicités dans le glossaire, afin que chacun comprenne mieux pourquoi les autres commettent ces actions qui le gonflent. Celui-ci relèvera au passage qu'il a lui aussi des attitudes qui en horripilent d'autres…

Sa troisième partie propose des solutions pour gérer, non seulement une situation d'agression, mais aussi pour dénouer une situation installée de longue date, mais surtout pour éviter qu'une insatisfaction insidieuse ne s'installe. C'est là qu'on apprend, en effet, que, contrairement à ce qu'on pense souvent, *« encaisser »* trop longtemps aide la grogne à s'installer alors que parler peut l'éviter, à condition, évidemment, d'employer le registre adéquat.

Si vous êtes dans l'urgence, commencez par cette troisième partie afin d'y trouver rapidement les conseils nécessaires pour adopter l'attitude congrue. Mais leur opportunité ne vous semblera pas forcément évidente si vous négligez d'aller chercher leur justification dans la deuxième partie. Enfin, traiter de problèmes humains s'inscrit aussi dans l'esprit de la démarche classique d'analyse et résolution des problèmes que la première partie de ce livre se propose de vous remettre en mémoire.

Rien ne vous empêche, toutefois, si aucun râleur ne semble en phase critique autour de vous, d'aborder cet ouvrage tel qu'il est pédagogiquement disposé. Vous pouvez, dans un premier temps, parcourir les encadrés, puis, si cela vous donne envie d'en savoir plus, entrer dans le texte.

Première partie

●

Ce qui fait râler n'a pas toujours de causes objectives

1

●

Les conflits objectifs se résolvent par les méthodes classiques d'analyse et résolution de problème[1]

1. Voir CHAUVEL, *Méthodes et outils pour résoudre un problème*, Dunod, 2000.

1. Nous ne nous attaquons qu'à la surface des problèmes

Il existe des motifs concrets et objectifs à la mauvaise humeur des personnes mais, étant donné que ce sont des problèmes de personnes :

⇨ nous refusons d'aborder le problème avec pour prétexte :
  - *C'est impossible !*
  - *On n'y arrivera jamais !*
  - *Ça a toujours été comme ça !*

⇨ nous nous réfugions dans la facilité :
  - *Y a qu'à leur dire d'arrêter !*
  - *Faut qu'ils se serrent la main !*
  - *Et si on les renvoyait ?*

⇨ nous acceptons de nous attaquer au problème mais nous voudrions le résoudre par une application quasi mathématique de nos connaissances :
  - *Le règlement dit qu'ils n'ont pas le droit !*
  - *Ça ne se fait pas !*
  - *Le truc, c'est de gueuler plus fort !*

⇨ nous négligeons *a priori* des données :
  - *Qu'est-ce que ça peut faire qu'il pleuvait ?*
  - *On n'en a rien à faire que c'est à midi !*
  - *C'est pas important comment ils étaient habillés !*

⇨ nous nous accrochons au premier embryon de solution trouvé empiriquement* :
  - *Ça, c'est un problème de communication ; faut qu'on communique !*
  - *C'est à cause du manque d'éducation !*
  - *La politesse se perd ; y a peut-être des stages ?*

En général, nous ne reconnaissons l'utilité d'examiner les problèmes plus à fond que lorsque nous avons eu l'occasion de nous apercevoir que ce que nous prenions pour des détails sont d'une grande importance pour la recherche de solution. Que le problème soit matériel ou humain, si, par exemple, nous négligeons une donnée comme les conditions météorologiques, nous négligeons tout ce qui en découle.

La pluie, que nous ne pouvons certes pas empêcher de tomber, entraîne l'augmentation du nombre d'automobiles et la mauvaise visibilité qui engendrent retard et mauvaise humeur, qui eux-mêmes engendrent précipitation et négligences, qui engendrent à leur tour des problèmes matériels (erreurs) et problèmes humains (conflits). Il en est de même pour l'heure qui peut expliquer la faim et la nervosité voire l'hypoglycémie, qui impose d'aller prendre les enfants à l'école, ce qui entraîne précipitation et travail bâclé... Les vêtements eux aussi peuvent être trop chauds, pas assez, trop serrés ou pas ergonomiques du tout et être facteurs de malaises, voire d'accidents... Prendre en compte les éléments anodins en apparence permet de comprendre en profondeur le problème et d'adopter une solution plus complète comme, en l'occurrence, aménager un horaire variable ou un horaire d'été pour les régions chaudes, ou bien créer des vêtements adaptés...

> **Des éléments, *a priori* étrangers et insignifiants, peuvent donc contribuer au problème, qu'il soit matériel ou humain.**

Lorsque nous avons pu constater l'importance de facteurs *a priori* insignifiants, nous devenons disposés à changer le circuit de réflexion qui nous est naturel, celui qui suit le raisonnement : « *Il se passe ceci, on n'y peut rien* » ou « *Il se passe ceci, y a qu'à faire cela* » ou encore « *Mlle Nase cause des problèmes ? y a qu'à la virer !* ».

> **En effet, ce raisonnement rudimentaire ne résout rien du tout et favorise, même, l'amplification des problèmes.**

Ce circuit spontané considère que le problème est consubstantiel et réduit à sa seule partie visible : les symptômes. Supprimer ceux-ci, quand on ne les juge pas irréductibles, devrait donc supprimer le problème. Avec cette optique on peut en venir rapidement à des solutions radicales aux conséquences fâcheuses, surtout lorsqu'il s'agit de problèmes humains. En effet, que l'on supprime une porte qui ne tient pas fermée est nettement moins grave que de supprimer un collaborateur mécontent.

Aborder les problèmes selon ce circuit spontané, c'est croire, aussi, qu'une vie sans problème peut exister : « *Ça n'arrivera jamais chez nous !* », et nier qu'un problème s'enracine, souvent très profondément, dans les lieux, dans le temps, dans les habitudes et dans les consciences : « *C'est le nouveau qui les a remontés !* ».

En effet, un problème est généralement le résultat de l'accumulation d'incidents qui ont été négligés.

Des incidents apparemment anodins dus à la conformation des locaux ; dus à des procédures jamais révisées ; dus à du personnel mal formé ; dus au matériel inadapté ; dus aux matières premières défectueuses ou encore à la croissance de l'entreprise sans que les éléments qui la composent aient été adaptés.

Il est donc impératif de se contraindre à aborder les problèmes à l'aide d'une méthode analytique qui, dans un premier temps, oblige à examiner le problème de façon neutre et en répertorie les causes. Dans un deuxième temps, elle impose de chercher une solution aux causes les plus en amont, de manière à rompre la réaction en chaîne. Enfin, elle contraint à concrétiser les solutions retenues.

Si l'on considère, en outre, que les causes du problème traité peuvent être communes à un autre problème, puisque selon la loi de Pareto[1] 20 % des causes entraînent 80 % des problèmes, ce deuxième problème s'atténuera ou disparaîtra et des problèmes similaires ne pourront plus se déclencher, puisque leurs causes n'existeront plus. Toutefois, le monde n'étant pas parfait, des petites irritations se manifesteront toujours, qu'il faudra régler avant qu'elles s'amplifient.

---

1. Vilifredo Pareto (1848-1923), ingénieur, économiste et sociologue italien surtout connu pour sa théorie de l'optimum économique, a établi que 80 % de la fortune est détenue par 20 % de la population et que les autres 80 % de la population se partagent les 20 % restants ; cette proportion étant vérifiable dans une multitude d'autres domaines.

Trajet spontanné   **Trajet analytique**

```
                              ┌──────────┐
                              │  Causes  │◄──┐
                              └──────────┘   │
     ┌──────────┐             ┌──────────┐   │
     │ Symptômes │            │ Symptômes │───┘
     └──────────┘             └──────────┘
      /        \                   │
┌───────────┐ ┌─────────┐  ┌──────────────────────┐
│On peut pas!│ │Y a qu'à…│  │ Recherche des solutions│
└───────────┘ └─────────┘  │ aux causes les plus en amont│
      │          │          └──────────────────────┘
      ▼          ▼                   │
┌──────────────────────┐  ┌────────────────────────────┐
│ Maintien des symptômes│  │ Suppression des symptômes visés│
│ et apparition de nouveaux│ │ + d'autres, d'un autre problème│
└──────────────────────┘  │ + prévention               │
                          └────────────────────────────┘
```

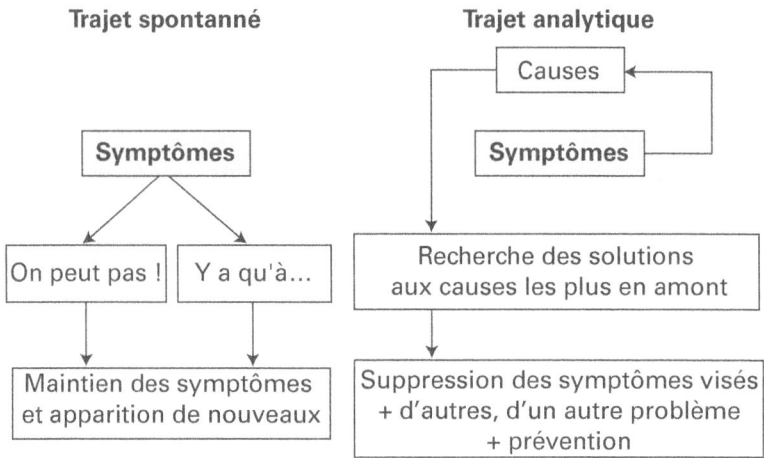

Schéma 1 : Le circuit de gauche est celui que nous prenons spontanément ; il ne résout pas le problème et peut même en faire apparaître un nouveau. Le circuit de droite est celui auquel il faut se contraindre pour traiter le problème en profondeur, traiter par la même occasion d'autres problèmes qui avaient les mêmes causes et prévenir les problèmes de même nature.

En Bref

Résoudre un conflit, c'est donc admettre que le mécontentement fait partie de la vie quotidienne, qu'il a des causes parfois nombreuses, lointaines et complexes, et que s'attaquer à ces causes, c'est transformer une situation fâcheuse en opportunité de progrès.

2. Nous classons les problèmes de personnes parmi les questions insolubles

Si, grâce au travail des comités d'hygiène et sécurité, nous avons en général abandonné cette attitude spontanée par rapport aux problèmes matériels, nous en sommes restés là pour ce qui concerne les problèmes de personnes :

⇨ nous les nions et nous en repoussons l'affrontement, jusqu'à ce qu'ils deviennent insurmontables ;

⇨ nous pensons qu'il est impossible de régler des problèmes de goût, d'antipathie, de caractère, d'humeur…

⇨ nous considérons que l'entreprise n'est pas l'endroit où traiter des affaires qui touchent aux émotions et nous « *recadrons* » ceux qui se laissent aller ;

⇨ nous n'avons aucune notion de ce que peuvent cacher les émotions ;

⇨ nous nous méfions de la science même qui pourrait nous éclairer : la psychologie. Sans en connaître la moindre parcelle, nous déclarons que c'est une ânerie et répercutons des comportements dont l'aberration nous sauterait aux yeux si nous avions eu la modestie d'acquérir quelques connaissances en ce domaine. Nous avons également peur que connaître notre fonctionnement nous ôte notre personnalité, nos émotions, comme si connaître les techniques de dessin et de peinture ôtait leur inspiration aux artistes. Connaître un peu de psychologie ne nous prive pas des joies de l'âme ni ne nous met à l'abri de ses tourments, mais nous permet de mieux les comprendre ;

⇨ nous pensons régler ça par un beau discours moralisateur ;

⇨ nous nions notre part responsabilité alors même que nous en sommes conscients. Pourtant, reconnaître ses erreurs (ce qui ne veut pas dire endosser tout et n'importe quoi) grandit ;

⇨ en tant que responsable, nous pensons que c'est à nous de trouver la solution puis de savoir l'imposer. Le responsable hiérarchique a souvent, en effet, le tort de croire que, de par sa fonction et pour justifier sa compétence (le « *plus* » du chef), il se doit d'échafauder lui-même une solution. Or, contrairement aux idées reçues, le fait de renoncer à apporter lui-même une solution ne lui fera pas perdre son aura de chef, au contraire.

Le rôle du responsable se borne, simplement, à aider les protagonistes à identifier les motifs de leur mécontentement puis à construire leur propre solution.

Quel ballet d'hésitations sur musique de bonnes raisons, alors qu'il suffirait de suivre la même procédure que pour les problèmes techniques. En effet, tout comme pour ceux-ci, une écoute « *vraie* » permanente, associée à la transparence de la communication descendante, permet d'être au fait des incidents minimes et ainsi d'éviter de nombreux problèmes majeurs. Ceux qui auront tout de même lieu devront être désamorcés le plus tôt possible à l'aide d'un dialogue qui permettra de cerner l'objet du conflit et d'en expliciter les raisons afin de lui trouver une solution qui permettra d'atteindre une stabilité temporaire. En effet, il ne faut pas espérer résoudre un conflit en une seule rencontre, par un beau discours moralisateur.

Le travail d'analyse et résolution des problèmes de grogne commence donc comme celui qui concerne les problèmes matériels : en réunion.

Il s'agira de poser le problème comme un autre, non pas en attaquant avec : « *Qu'est-ce qui se passe à la fin entre Untel et Untel ?* », mais en examinant son apparence objective : « *Notre client de Vladivostok nous a lâchés. Pourquoi ?* ». En effet, tout problème humain peut revêtir l'aspect d'un problème matériel et contenir des causes concrètes, objectives. Aborder le problème sous son aspect matériel permet de faire la part entre les causes émotionnelles et les causes rationnelles occultées par les passions.

Ce premier travail consistera donc à mettre au jour ces dernières, puis à leur apporter une solution en suivant la procédure. Après s'être rendu compte que ces causes concrètes ne valaient pas les passions qu'elles avaient déchaînées, on ne peut que se douter que, parallèlement, il existe d'autres raisons à tout cela.

Celles-ci peuvent avoir des causes diverses, mais surtout peu claires pour le râleur lui-même, et c'est bien pour cela qu'il a tant de mal à les livrer. C'est pourquoi il faut agir sans le brusquer, sans l'humilier, non plus. Il faut le recevoir en entretien individuel[1] et l'aider à trouver les causes de son mécontentement, à la suite de quoi il trouvera lui-même sa solution. Il faut surtout se retenir d'établir un diagnostic et de le lui assener comme un gourdin ; cela n'aurait pas meilleur effet que de lui imposer un comportement dans lequel il se détruit, sous prétexte de « *devoir* » ou de « *morale* ». Si l'on craint de ne pas savoir garder sa réserve ou si l'on craint que la position de responsable soit un inconvénient à cette opération, il peut être préférable de faire appel à un coach. Toutefois, ce livre contient suffisamment d'explications pour éclaircir les cas les plus courants.

Quoi qu'il en soit, lorsque le problème relationnel devient flagrant, lorsqu'en bout de chaîne n'apparaît plus que le comportement des uns ou des autres, c'est là qu'un responsable ne doit pas se réfugier derrière l'excuse des problèmes-personnels-qui-n'ont-rien-à-faire-au-travail. Il doit se transformer en arbitre objectif de ce grabuge. C'est-à-dire qu'il ne doit à aucun moment affecter de l'approbation ou de la désapprobation pour l'un ou l'autre des protagonistes ; il ne doit à aucun moment rendre publiques les confidences des adversaires.

Il les reçoit, individuellement en entretiens, et organise, selon l'avancée, des confrontations pacifiques, jusqu'à ce qu'ils prennent eux-mêmes conscience que ce qu'ils trouvaient très grave repose sur une explication très simple.

Ce peut être long, il peut être utile de faire appel à un coach, mais c'est la seule attitude qui pourra les conduire à transformer leur différend en contrat de collaboration.

Il est parfois nécessaire d'inverser les deux démarches, la résolution du problème relationnel étant la condition de la sérénité nécessaire à la résolution des problèmes concrets.

---

1. Voir : *Entretiens professionnels : la fin du casse-tête*, Mireille BRAHIC, Éd. d'Organisation, 2001.

En Bref

Gérer un problème, quel qu'il soit, c'est prendre le temps, de :

⇨ en plusieurs réunions,
1. cerner, décrire le problème ;
2. chercher toutes les causes du problème ;
3. classer les causes par genre ;
4. classer les causes selon leur rapport de cause à effet ;
5. imaginer des solutions aux causes objectives les plus en amont ;
6. choisir LA solution qui prendra en compte les intérêts de chacun ;
7. mettre en place cette solution et en assurer le suivi.

⇨ en plusieurs entretiens, aider individuellement à réfléchir ceux qui ont effectivement un problème émotionnel ; si le problème semble vaste, faites appel à un coach.

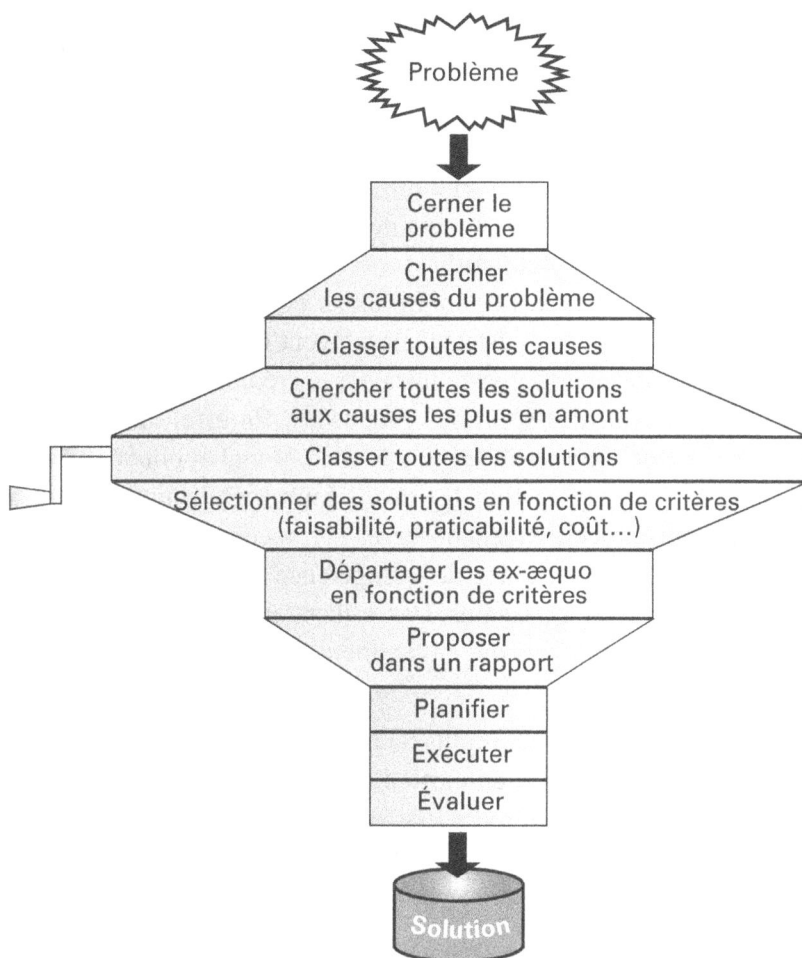

Schéma 2 : Le circuit analytique de résolution des problèmes passe par différentes étapes. La première série d'étapes fait appel à la créativité divergente qui a pour objectif d'apporter, sans censure, de la matière à réflexion. La seconde fait appel à la créativité convergente qui consiste à décider en fonction de la réalité et des connaissances acquises. Chaque étape demandant un ou plusieurs entretiens ou réunions, cette démarche prend du temps, mais c'est la seule qui règle vraiment les problèmes.

3. Un problème s'aborde patiemment mais opiniâtrement

3. 1. Cerner, décrire le problème

Tant qu'aucun facteur émotionnel n'a encore été décelé, le problème se traite comme n'importe quel autre : en réunion. À l'issue de celle-ci, chacun devra s'accorder sur une description formelle du problème qui s'attache aux faits plutôt qu'aux avis, aux impressions, aux déductions ou aux sentiments. Les impressions et les interprétations sont parfois évidentes, parfois justes, mais souvent fausses. De plus, prises en compte dès le départ, elles réduiraient la crédibilité de la méthode, et, par conséquent, des solutions proposées. En effet, des solutions auxquelles on ne croit pas ne sont pas ou sont mal appliquées, ce qui rendrait fort peu payant tout le travail fourni. De plus, prendre en compte les faits objectivement observés permet de régler les questions d'organisation, de méthode, de compétence, alors que parler des personnes exaspère les passions. Car, s'il est question ici de traiter les problèmes interpersonnels qui enveniment la vie au travail, il est hors de question d'en provoquer.

Toutefois, si des divergences plus ou moins flagrantes apparaissent, il sera bon de revoir ce récit en particulier avec chacun et de consigner précisément chacune des versions afin de pouvoir, par la suite, examiner les points de divergence. C'est lors de ces entretiens que le problème interpersonnel peut se confirmer et se traiter.

La description du problème doit s'attacher à répondre aux questions : qui ? quoi ? comment ? combien ? où ? quand ? pourquoi ? (sans toutefois inventer pour avoir une réponse à tout prix).

	Pourquoi ?
Qui ?	
Quoi ?	
Comment ?	
Combien ?	
Où ?	
Quand ?	

Insérées de la sorte dans une matrice vous permettant de prendre des notes pendant les entretiens, ces questions favorisent un haut degré de précision, faisant apparaître, s'il est connu, le pourquoi concret du choix de la personne, de l'action, de la méthode, des quantités, du lieu, du moment. Elles permettent de se concentrer sur les faits plutôt que sur les impressions, les interprétations et les personnes.

Il sera peut être parfois indispensable d'insister pour obtenir une réponse précise. En effet, il ne faut pas se contenter de « *on dit* », de « *on fait* », de « *généralement* », de « *mieux* », etc., qui sont source d'imprécisions, d'interprétations et d'évaluation. Par exemple :

Si on vous dit :	Posez la question :
Sujet vague comme : on, ils, les gens, les autres, tout le monde…	Qui ? Qui exactement ? Et vous, quelle est votre opinion ?
Idée reçue : Il faut, on doit… Ça ne se fait pas ; On n'a jamais vu ça…	Que se passe-t-il si on ne le fait pas ? Si on le fait, ça entraînera quoi ?
Verbes imprécis comme : exécuter, élaborer, façonner, s'enrichir, se doter, se libérer, aimer, estimer, considérer…	Comment ? Comment précisément ? Comment vous y prenez-vous exactement ? En quoi consiste précisément « … » ?
Indicateurs de temps absolus comme : toujours, tout le temps, jamais…	Vraiment « *toujours* » ?

Indicateurs de temps vagues comme : généralement, souvent, fréquemment, habituellement, normalement, ordinairement, parfois, de temps à autre, des fois, occasionnellement, rarement…	Combien exactement ? Combien de fois précisément ? Combien de fois par mois en moyenne ?
Superlatifs comme : c'est meilleur, mieux, pire, pis, plus mal, moins bien… Il y en a plus, moins, pas assez, trop…	Par rapport à quoi ?
Mots abstraits comme : communication, motivation, liberté, volonté, qualité…	Que voulez-vous dire par « *communication* » ?
Affirmations gratuites comme : C'est bien connu ; Tout le monde le sait ; C'est certain ; De source sûre ; C'est évident ; C'est reconnu…	Comment le savez-vous ? D'où le tenez-vous ? Où l'avez-vous appris, vous ?
Recherche d'avis : Comment dois-je faire ? Qu'est-ce que c'est ? Ne croyez-vous pas que… ?	Comment feriez-vous ? Que croyez-vous que c'est ? Qu'en pensez-vous ?

Le problème décrit doit donc ressembler à un récit précis de ce type :

Le personnel est mécontent ; les absences se multiplient ; il y a déjà eu une grève et une autre se fomente. Si nous prenons du retard sur le planning, nous allons contrarier nos clients voire les perdre. Dans la conjoncture actuelle, perdre des clients entraînerait une chute du chiffre d'affaires que nous ne saurions surmonter sans licenciements.

L'enquête a établi que c'est la nouvelle organisation qui est à l'origine de ce mécontentement. En effet, il nous a fallu mettre nos ateliers en conformité et réduire la quantité d'heures supplémentaires. Les salariés déclarent qu'ils n'ont pas été consultés pour mettre en place ce changement d'organisation. En effet, la réunion prévue n'a pas eu lieu car, d'une part, 30% du personnel a refusé de s'y rendre parce qu'il estime que la réunion était destinée à manipuler les salariés et que le bruit a couru que l'entreprise allait fermer ; d'autre part, monsieur Obtus, le chef de l'atelier Z, était absent le jour de la réunion <u>parce qu'il est contre la concertation et qu'en ce moment il n'est pas bien dans sa peau</u>. En effet, il n'y a pas de cohésion dans son équipe <u>car elle est révoltée et monsieur Tréchian tient sans cesse des discours provocants (il critique l'organisation de</u>

l'entreprise, dit que les cadres sont des manipulateurs et aussi commente la vie et le caractère de ses collègues).

Dans cet exemple, les éléments soulignés sont ceux qu'on occulterait volontiers définitivement. Effectivement, ils n'ont pas lieu d'apparaître lorsque la partie concrète du problème sera traitée en groupe. Le traitement d'autres éléments peut, d'ailleurs, les réduire ou les rendre imperceptibles. Mais ils ne doivent pas manquer d'être traités en parallèle, ou secondairement, en entretiens particuliers, selon le même circuit : description précise, recherche des causes, classement des causes, remède aux causes les plus en amont...

En Bref
La première étape de la procédure de résolution des problèmes débouche, après une réunion, sur une description très précise des faits, ceux-ci se focalisant sur les actions plus que sur les personnes et ne tenant pas compte des interprétations, des évaluations, des déductions, des impressions...
Les problèmes interpersonnels qui peuvent apparaître seront traités en entretiens particuliers avec les intéressés.

3.2. Chercher *toutes* les causes du problème

Dans la description du problème, certains éléments sont des conséquences, d'autres des causes, d'autres encore des évaluations ou des interprétations. Il s'agit, au cours de cette étape, d'éliminer ces dernières et de séparer les causes et les conséquences.

Conséquences :
1. *Le personnel est mécontent (conséquence effective)*
2. *Les absences se multiplient (CE)*
3. *Grève (CE)*
4. *Conjoncture économique peu favorable (CE)*
5. *Retard sur le planning (conséquences prévisibles)*
6. *Clients contrariés (CP)*
7. *Clients perdus (CP)*

8   *Chute du chiffre d'affaires (CP)*
9   *Licenciements (CP).*

Causes :

1   *Nouvelle organisation*
2   *Mise en conformité*
3   *Réduction heures supplémentaires*
4   *Salariés pas consultés*
5   *La réunion n'a pas eu lieu*
6   *30 % du personnel a refusé de se rendre à la réunion*
7   *Le personnel a peur d'être manipulé*
8   *Le bruit a couru que l'entreprise allait fermer*
9   *Monsieur Obtus, le chef de l'atelier Z, était absent le jour de la réunion*
10 *Obtus est contre la concertation*
11 *Obtus n'est pas bien dans sa peau*
12 *Il n'y a pas de cohésion dans son équipe*
13 *L'équipe s'est révoltée*
14 *Propos désagréables, démoralisants pour tous.*

En Bref

Toutes les causes sont répertoriées, même celles qui peuvent paraître les plus anodines.

3.3. Classer les causes par genre pour découvrir les causes négligées

Classer les causes par familles permet de visualiser le problème. Ainsi peut-il apparaître qu'une famille de causes est plus fournie que les autres, voire que d'autres sont inexistantes. Lors de la réunion dont l'objet est la réalisation et l'étude de ce diagramme, il s'agira de rechercher ce qu'on aurait pu oublier dans les rubriques vacantes. Il est parfois surprenant de constater que tout se concentre sous la rubrique « *méthodes* » alors que le discours incriminait les machines ou les personnes.

Le diagramme d'Ishikawa ou diagramme de « *cause à effet* » ou encore « *arête de poisson* » répartit toutes les causes sans exceptions, habituellement, selon 5 critères, qui peuvent toutefois être réduits ou enrichis. Ce sont les 5 M, cette initiale servant à ne pas les oublier.

Les 5 M :

1. **Moyens** ou matériel ou machines ; regroupe l'appareillage impliqué.

2. **Méthodes**, ou management ou mode d'emploi ou manutention ; regroupe les façons de s'y prendre, que ce soit envers les objets ou envers les humains.

3. **Milieu** ou implantations, ou locaux ; regroupe tout ce qui concerne les lieux incriminés.

4. **Matériaux** ou matières premières, ou fournitures, ou meubles ; regroupe tous les objets mobiles qui ne sont pas des moyens.

5. **Main-d'œuvre** ou personnel ou ressources humaines ; regroupe toutes les causes qui concernent les personnes.

─── **En Bref** ───

Ce diagramme, qui consiste à constituer des familles de causes, ne sert pas à identifier avec certitude les causes réelles, mais à faire apparaître toutes les causes possibles d'un effet.

Le diagramme de cause à effet

Moyens
- Mise en conformité
- Nouvelle organisation

Milieu
- Mise en conformité
- Nouvelle organisation

Méthodes
- Salariés pas consultés
- Réduction heures supplémentaires
- Chef atelier Z absent réunion
- La réunion n'a pas eu lieu

Matériaux

Main d'œuvre
- 30% du personnel a refusé de se rendre à la réunion
- Le personnel a peur d'être manipulé
- Rumeur fermeture entreprise
- Obtus est contre la concertation
- Obtus n'est pas bien dans sa peau
- Équipe s'est révoltée
- Pas de cohésion dans équipe
- Propos démoralisants

Personnel mécontent

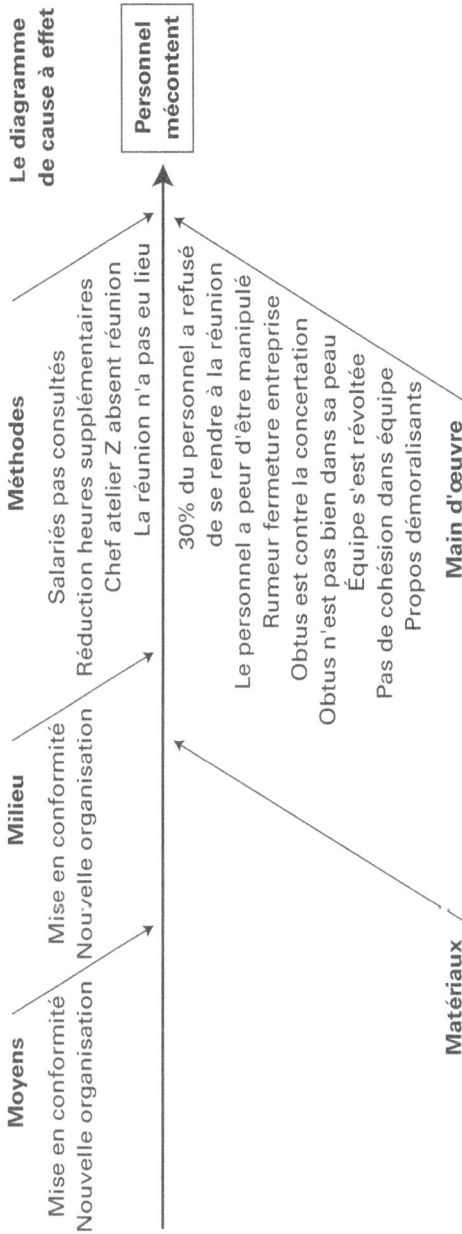

Schéma 3 : Le diagramme de cause à effet permet de visualiser l'étude d'un effet en classant les causes par familles (moyens matériels, milieu, méthodes, matériaux et main-d'œuvre). Dans notre exemple, nous ne pouvons que constater que le mécontentement résultart n'incrimine rien de concret.

3.4. Classer les causes selon la réaction en chaîne pour en trouver la source

L'arbre des causes, quant à lui, fait apparaître les rapports de cause à effet à tous les maillons de la réaction en chaîne. Il permet de remonter aux causes les plus en amont. En traitant ces dernières, la chaîne devrait disparaître. Si ce n'est pas le cas, c'est qu'on a occulté, plus ou moins consciemment, les vraies causes du problème.

Effectivement, souvent l'excès de zèle nous fait agir à l'encontre du bon sens. Dans certains services, on sait pertinemment que c'est X qui est la cause de la mauvaise ambiance, mais en application de la consigne *« on s'intéresse aux faits, pas aux personnes »* on étouffe cette information, on la nie, on moralise *« ce n'est pas bien de dire du mal des autres »*. Cette consigne est certes faite pour éviter les excès comme l'effet bouc émissaire ou la mise à profit du problème pour se débarrasser d'un gêneur. Mais il ne faut pas que cela nous fasse négliger qu'il existe, effectivement, des perturbateurs et aussi que derrière le perturbateur se cache souvent une personne qui a des problèmes relationnels. Si ces problèmes-là ne sont pas étudiés, ils s'étendront, comme c'est le cas pour un problème matériel, mais avec, en outre, des conséquences que nous ne saurons plus maîtriser. Un problème de harcèlement entre deux collaborateurs, par exemple, ne sera jamais identifié, jamais résolu, avec toutes les conséquences funestes que cela implique pour la victime, pour l'ambiance de travail et pour la réputation de l'entreprise (voir p. 70).

Tout allait bien dans l'entreprise Chaizeu jusqu'à l'arrivée de monsieur Fétide. Il s'occupait de la formation et il était prévu que ce poste soit un satellite indépendant de la hiérarchie afin qu'il puisse décider objectivement et sans influence de l'opportunité des formations. Aussitôt en place, Fétide s'est révélé extrêmement malsain, déplaisant, injuste, incohérent parfois… Personne n'aimait lui être confronté et tout le monde s'appliquait à profiter de la moindre occasion de le contrer, mais jamais ouvertement, toujours sous couvert du travail. Sa position dans l'organigramme ne le mettait sous l'autorité de personne. Personne n'a donc tenté de comprendre son attitude et comme son travail était fait correctement... Peu à peu, les absences des collaborateurs sont devenues plus fréquentes, leurs suggestions moins nombreuses, moins originales ; les conversations devenaient cassantes, sur un ton agacé. Le soupçon s'est installé partout. Son assistante fut la première à craquer (elle est toujours en congé maladie longue durée sur certificat d'un psychiatre). Mais il a continué sa carrière jusqu'à ce qu'un jour il soit condamné pour pédophilie sur la personne de son beau-fils. Belle occasion pour lui attribuer la responsabilité de cette pétaudière et se débarrasser de lui ainsi que de tout ce qui le touchait de près ou de loin (son organisation, son fichier fournisseurs...) ! Mais, hélas, s'il avait bel et bien amorcé cette ambiance, elle est à présent suffisamment installée pour survivre sans lui !

N'aurait-il pas été préférable de se pencher plus tôt sur ce problème ?

Un arbre des causes se construit en se posant inlassablement la question « *Pourquoi ?* » à l'énoncé de chacune, sans exception, des causes répertoriées et en remontant la filière des événements. Ainsi apparaîtra-t-il qu'une cause peut avoir une ou plusieurs causes antérieures ou peut être isolée ; qu'elle peut engendrer une ou plusieurs causes principales. Il devient évident, pour n'importe qui, qu'identifier la cause de plusieurs causes principales va permettre de savoir sur quoi concentrer son énergie pour éradiquer le problème.

Un arbre des causes se schématise d'ordinaire en notant le problème, dans une case, à droite, puis en faisant apparaître la filière des causes à gauche jusqu'à la source du problème. Ce schéma, construit du problème vers sa source en se posant la question « *pourquoi* », peut se lire de droite à gauche, en remontant les événements et en se posant la question « *parce que* ».

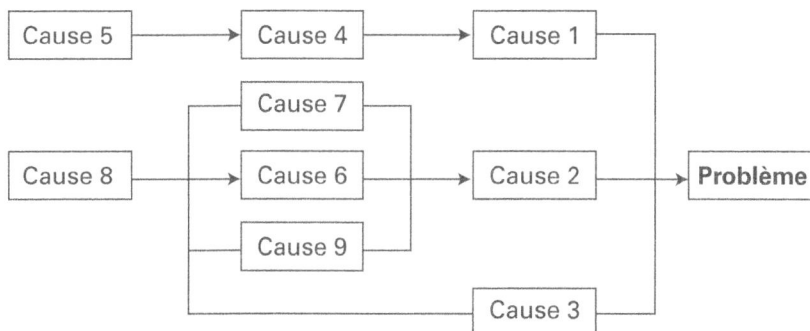

Schéma 4 : L'arbre des causes fait apparaître, à son extrême gauche, la source des problèmes.

Certains ont préféré redresser cet arbre et ont fait apparaître les conséquences dans sa ramure. Ils ont trouvé que l'image représentait mieux ainsi l'engendrement et le déploiement du problème. Quoi qu'il en soit, ce qui est essentiel dans la confection d'un schéma, c'est d'utiliser un code qui soit commun à tous ceux qui sont susceptibles d'exploiter ce schéma par la suite. En effet, construire un arbre des causes n'est pas une fin en soi ; il sert lors de l'étape de compréhension, mais aussi lorsqu'il s'agit de justifier les solutions qu'on propose à sa hiérarchie ou à une commission d'experts.

C'est sous forme d'arbre debout qu'est représenté l'exemple que nous traitons depuis le début de ce chapitre (voir p. 33). Il met en évidence :

⇨ Une première filière « *nouvelle organisation* » qui a pour cause deux aspects de la loi. On ne peut aller à l'encontre de la loi. La nouvelle organisation est nécessaire ; mais peut-elle être différente ? C'est une piste qu'il faudra exploiter.

⇨ Une deuxième filière « *pas de concertation* » qui montre qu'il n'était pas suffisant que la loi impose des changements, mais qu'il a bel et bien fallu un deuxième élément concomitant : la façon d'introduire cette nouvelle organisation et, là, on peut penser que la communication a été mal faite. C'est une deuxième piste.

Mais, en étudiant cette deuxième filière, on s'aperçoit que l'absence de concertation ne vient pas du fait qu'aucune concertation n'était envisagée, mais que la réunion de concertation a été boudée pour de multiples raisons d'ordre émotionnel :

- je suis contre (voir p. 52),
- je suis stressé (voir p. 95),
- il me harcèle (voir p. 70),
- on nous manipule (voir p. 45),
- ils nous disent que (voir p. 78).

À ce moment-là, il faut encore se retenir de conclure « *Y a qu'à leur dire* » ; « *Y a qu'à sanctionner Obtus et Tréchian* ». Les méandres de la compréhension humaine ne se franchissent pas avec des méthodes aussi directes. Il faut avant tout s'informer sur ce que cache ce type de remarques (voir p. 41) afin d'en tenir compte pour l'élaboration de l'action corrective.

En Bref

L'arbre des causes est un schéma qui classe les causes, sans exception, selon leur rapport de cause à effet. Il permet de :

⇨ visualiser, de « *conscientiser* » le problème dans toute son étendue ;

⇨ ne pas se laisser distraire par le rapport chronologique des événements (ce qu'on fait juste avant n'est pas forcément la cause) ;

⇨ faire apparaître les causes qui sont à l'origine du problème.

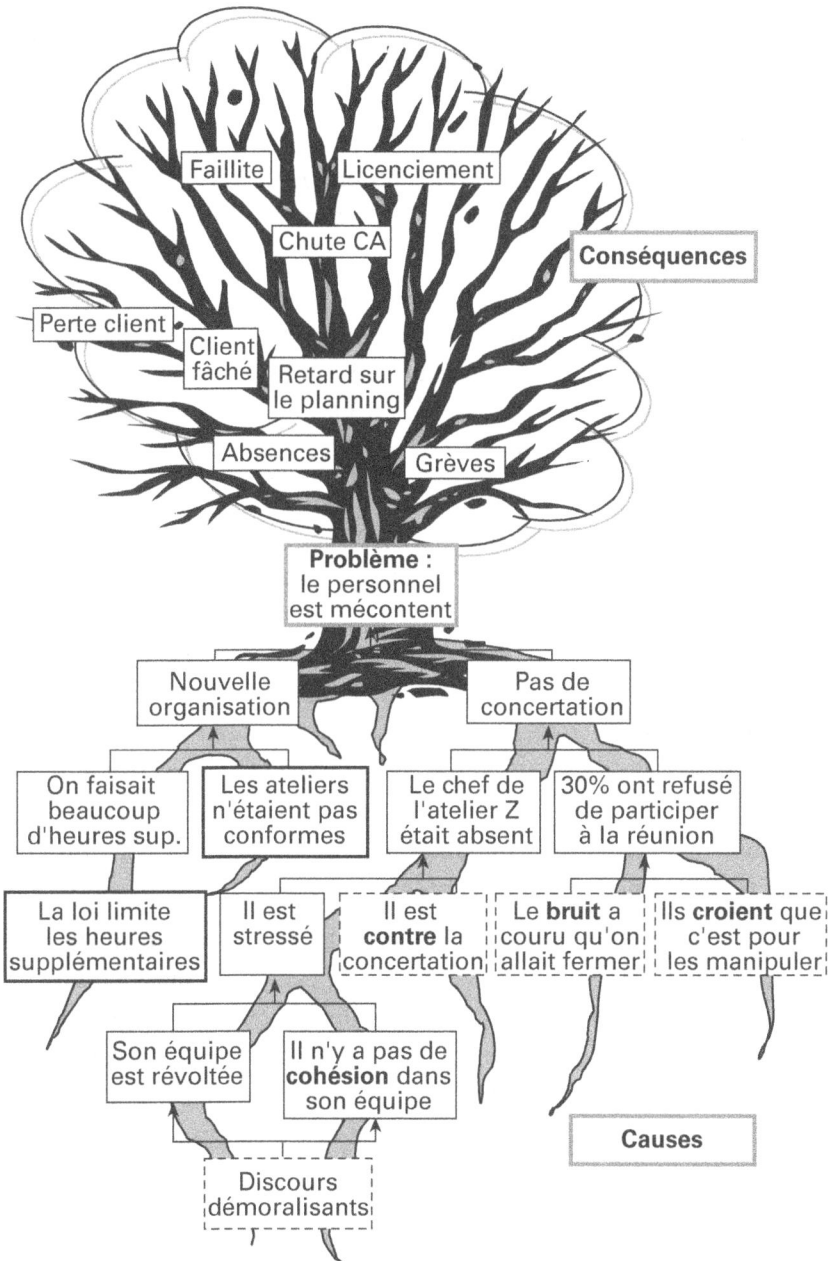

Faillite   Licenciement

Chute CA

Conséquences

Perte client

Client fâché   Retard sur le planning

Absences   Grèves

Problème : le personnel est mécontent

Nouvelle organisation   Pas de concertation

On faisait beaucoup d'heures sup.   Les ateliers n'étaient pas conformes   Le chef de l'atelier Z était absent   30% ont refusé de participer à la réunion

La loi limite les heures supplémentaires   Il est stressé   Il est **contre** la concertation   Le **bruit** a couru qu'on allait fermer   Ils **croient** que c'est pour les manipuler

Son équipe est révoltée   Il n'y a pas de **cohésion** dans son équipe

Causes

Discours démoralisants

3.5. Imaginer des solutions aux causes les plus en amont

Trouver une solution aux causes les plus en amont permettra d'annuler la réaction en chaîne. Mais, pour traiter les causes les plus en amont, il ne suffit pas de faire appel à ce qui est déjà connu ; il faut faire preuve d'humilité et d'imagination. En effet, rien ne sert de chercher dans nos notes de cours la solution calibrée qui conviendra en l'occurrence ; elle ne s'y trouve pas. Rien ne sert de revenir à un ancien état de fait auquel on était habitué mais qui ne convenait plus sur bien des points. Rien ne sert, non plus de calquer exactement ce qui se fait chez le voisin, ce n'est peut-être pas adapté. Mais il y a du bon dans tout cela. Il y a des choses à garder, d'autres à supprimer, mais d'autres à changer en plus, en moins, en autrement.

Il faut donc réprimer nos préjugés, nos stéréotypes, nos solutions toutes faites, pour parvenir à « *inventer* » la solution en réorganisant les données du problème ; en trouvant d'autres relations entre eux que celles qui ne conviennent pas. C'est la créativité. Celle-ci consiste à aller pêcher au sein de notre savoir conscient et inconscient (eh oui ! il y a des choses qu'on sait sans être conscient qu'on les sait !) des éléments en rapport avec l'objet de notre quête, par leur similitude, leur différence ou leur antinomie. Concrètement, on se demande par exemple, en se concentrant sur les causes identifiées, ce qui se passe-rait si on supprimait ceci, rajoutait cela, mélangeait les deux choses, etc. C'est la méthode des scénarios*.

La recherche d'idée se fait en groupe car il y a plus d'idées dans plusieurs têtes que dans une seule. C'est le remue-méninges*. L'animateur, après avoir exposé les règles de travail, se contente de noter, sans aucun commentaire, les suggestions des participants. Ces derniers disent ce qui leur passe par la tête à l'évocation de la cause à supprimer. Les idées peuvent être favorisées par l'emploi de matrices qui forcent la confrontation.

Par exemple, pour chaque cause, on peut forcer l'émergence de ce qui est semblable, de ce qui est franchement opposé et de ce qui est simplement différent :

Critères / Causes	Semblable	Opposé	Différent
...	...	...	...
Concertation contestée	Autre réunion de concertation	Imposer la concertation	Procéder autrement
		...	...

ou on peut passer la cause au concasseur en faisant fuser des verbes suggérant une alternative à la cause à éradiquer :

Causes / Critères	1	2 Concertation Contestée	3	...
Ajouter		De la com.		
Alterner		Infos/questions		
Assembler		Communication et formation		
Augmenter		Préparation		
Combiner		Formation + action		
Morceler		Faire des étapes → Procédure		
Multiplier		Moyens de com.		
Réduire		Le flou		
Retourner		...		
Substituer				
Supprimer				

En Bref────────
Imaginer des solutions aux causes les plus en amont se fait en laissant aller son imagination ou en la contraignant à s'exprimer à l'aide de matrices qui forcent la rencontre de concepts.

3.6. Choisir LA solution qui *prendra en compte les intérêts de chacun*

L'étape précédente n'a donné qu'une ébauche de solution ; un objectif d'amélioration. Cet objectif doit être concrétisé et décliné en sous-objectifs puis en axes d'amélioration, et, enfin, en actions correctives concrètes. On peut représenter cette déclinaison dans une arborescence :

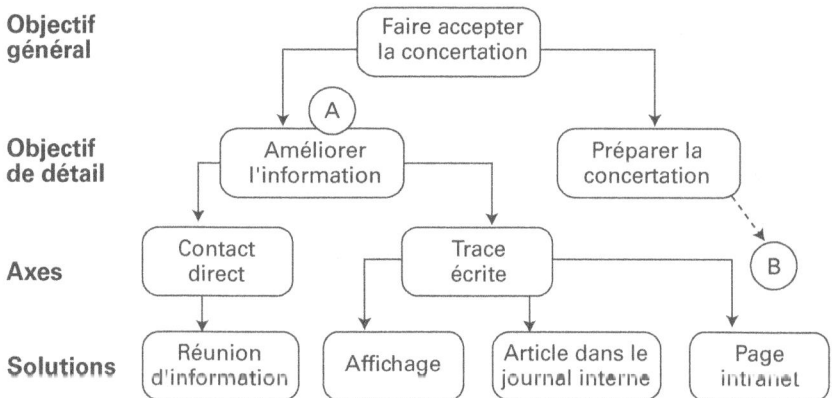

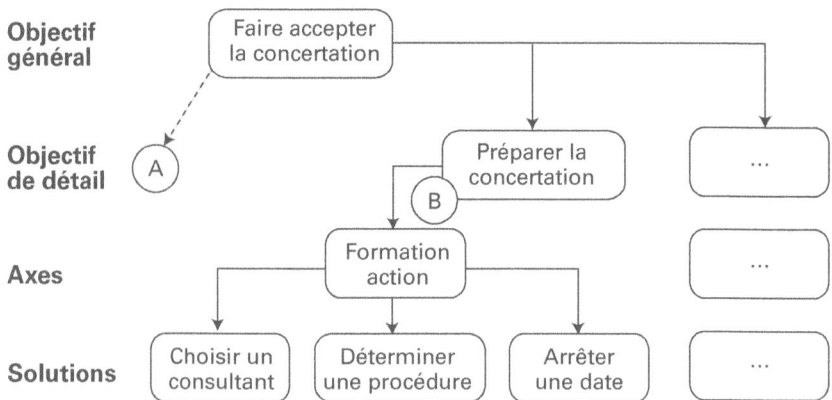

Objectif général — Faire accepter la concertation

(A)

Objectif de détail — Améliorer l'information / Préparer la concertation

Axes — Contact direct / Trace écrite / (B)

Solutions — Réunion d'information / Affichage / Article dans le journal interne / Page intranet

- -

Objectif général — Faire accepter la concertation

Objectif de détail — (A) / Préparer la concertation (B) / ...

Axes — Formation action / ...

Solutions — Choisir un consultant / Déterminer une procédure / Arrêter une date / ...

Toutes les solutions trouvées ne sont pas applicables, certaines se révèlent lourdes à mettre en place, d'autres coûteuses ou inefficaces à long terme, certaines encore peuvent arranger les uns et pas les autres… Lors de cette étape, il s'agit de passer les solutions trouvées au filtre de la raison pour déterminer celle qui sera mise en place. Il faudra surtout veiller à ne négliger l'intérêt d'aucune partie prenante. Par exemple :

⇨ Le conflit entre personnes avait finalement pour raison un problème de fonctionnement logistique, une contestation des façons de procéder ? Créez un manuel des procédures évolutif transparent après étude des nécessités de fonctionnement.

⇨ Le mécontentement avait pour objet une remise en question des compétences réciproques. Faites appel à un expert qui va analyser tout ça en toute crédibilité.

⇨ La grogne avait pour motif un manque de respect des échelons hiérarchiques ? De nos jours, les échelons hiérarchiques ont tendance à se réduire pour faciliter le dynamisme et la communication ; les lourdes structures éclatent en entités autonomes ; d'autres entités ont, maintenant, intérêt à être regroupées… L'organigramme de l'entreprise est peut-être devenu inadapté ; pourquoi ne pas le remanier, de préférence dans une démarche participative, sans même invoquer le problème de base. Cela le résoudra et en fera avorter sans doute quelques autres. Profitez-en pour placer un médiateur entre deux éléments dont vous savez pertinemment qu'ils ne peuvent s'entendre.

⇨ La grogne avait pour objet une répercussion sur les équipes en aval d'un ralentissement à un point de la chaîne de production ? Faites cesser ce mécontentement chronique qui peut dégénérer, en créant des stocks tampons.

⇨ La grogne avait pour origine une répartition « *inéquitable* » des congés, des postes, des astreintes ? « *Équité* » ne signifiant pas « *égalité* », instaurez un organe au sein des équipes chargé de recueillir systématiquement tous les desiderata (certains, en effet, s'abstiennent, souvent par timidité, et sont mécontents par la suite) et d'exposer les contraintes, puis d'établir et faire approuver les plannings.

Il peut donc y avoir, derrière un problème d'aspect relationnel, des causes objectives, mesurables, quantifiables, chiffrables. Et à propos desquelles il est possible d'entamer une négociation entre les chicaneurs pour parvenir à des solutions acceptées de tous. Mais méfiez-vous des solutions rationnelles qui ne tiennent pas compte des intérêts particuliers, des goûts et des convictions de chacun ; sans cela, votre bel échafaudage de solutions pourrait vite s'écrouler. Et n'oubliez pas que, cela fait, il est possible d'aller un peu plus loin en sensibilisant vos collaborateurs à une réflexion sur leur comportement, en particulier ou en stage. Cela s'inscrit dans la prévention des risques.

Étudier les problèmes humains ne débouche pas sur des licenciements ; il y a de nombreuses solutions avant d'en venir à ce constat d'échec. Parfois, bien vouloir écouter, enfin, les personnes réduit considérablement le mécontentement et fait apparaître des éléments concrets sur lesquels on peut agir. D'autres fois, cela peut amener à conseiller des soins à un râleur chronique. Mais aussi à le convaincre qu'il n'est pas besoin d'être fou pour s'adresser à un thérapeute de l'âme et que cela ne fait pas plus devenir fou que voir son dentiste régulièrement ne donne mal aux dents. Mais avant d'en venir à ces cas extrêmes, il ne nuit en rien de comprendre mieux ce qui peut se cacher derrière les récriminations.

N'oubliez pas, non plus, de passer à l'acte et d'aller jusqu'au bout ; sinon l'opération n'aura servi qu'à démotiver vos collaborateurs.

En Bref

Les solutions découvertes à l'étape précédente doivent être passées au crible de la faisabilité, éventuellement avec l'aide d'experts, puis déclinées en opérations concrètes. Il est très important qu'elles prennent en compte les intérêts de chacun.

3.7. Concrétiser cette solution et en assurer le suivi

Les bonnes intentions ne suffisent pas. Cependant, c'est bien trop souvent là qu'on s'arrête, surtout dans un projet d'évolution des comportements.

C'est en mettant en forme, concrètement, sur papier, les décisions prises, qu'on peut s'assurer qu'elles seront appliquées. Un plan d'action doit récapituler, de façon facilement exploitable, les éléments servant à l'exécution des actions : comment elles vont se dérouler, où elles vont se dérouler, à quelle date il faudra faire des points, à quelle date elles devront être conclues et qui en seront les responsables ?

Actions	Moyens	Lieu	Délai	Responsable	Exécution
Choix d'un cabinet conseil	Appel d'offres	Internet	30/09/2002	M. Chevalier	×
Annonce de l'audit	Réunion Note Affichage	Salle 306 Intranet Salle repos	30/10/2002	Mme Roussin	

En Bref

Chercher des solutions et ne pas les concrétiser est le meilleur moyen de démotiver une équipe. Les concrétiser, c'est prévoir dans le détail quand, comment et par qui elles seront mises en place.

2

●

Mais la grogne quotidienne résulte d'une somme d'ingrédients subjectifs

Les motifs objectifs de la grogne étant traités, il en reste souvent d'une tout autre nature.

Ceux-là sont du domaine de la considération qu'ont les gens les uns pour les autres ; de leur façon de se percevoir réciproquement. En l'occurrence, nous nous reprochons mutuellement, non pas ce que nous *« faisons »* ou ce que nous *« avons »*, *mais ce que nous « sommes »* profondément. C'est le domaine subjectif :

- *« Ils »* ne sont pas comme il faut ;
- *« Ils »* sont tatillons ;
- *« Ils »* sont égoïstes ;
- *« Ils »* sont sournois ;
- *« Ils »* nous manipulent ;
- *« Ils »* ne se prennent pas pour rien ;
- *« Ils »* sont fainéants ;
- *« Ils »* sont orgueilleux ;
- *« Ils »* nous bêchent ;
- *« Ils »* sont arrivistes ;
- *« Ils »* brassent de l'air ;
- *« Ils »* sont vulgaires ;
- *« Ils »* font un drame pour rien ;
- *« Ils »* n'ont pas conscience des réalités ;
- *« Ils »* sont incultes ;
- *« Ils »* ne nous disent jamais rien ;
- *« Ils »* nous méprisent ;
- *« Ils »* sont irresponsables ;
- *« Ils »* font que nous chercher des poux ;
- *« Ils »* ne savent pas ce qu'ils veulent ;
- *« Ils »* sont négatifs ;
- *« Ils »* sont superficiels ;
- *« Ils »* vivent sur leurs acquis ;
- *« Ils »* s'en fichent ;
- *« Ils »* n'ont aucune imagination ;
- *« Ils »* sont faibles ;
- *« Ils »* sont farfelus ;
- *« Ils »* n'ont aucune ambition ;
- *« Ils »* sont intolérants ;
- *« Ils »* sont agressifs ;
- *« Ils »* sont excessifs ;
- *« Ils »* sont rancuniers ;

Tous ces «*Ils*» sont d'autant plus monstrueux qu'ils sont anonymes et que ce qui leur est reproché est impalpable. Comment, en effet, mesurer l'égoïsme, la superficialité, la sournoiserie de quelqu'un sinon à l'aune de l'approximation ? Comment mesurer, de plus, des défauts, pour la plupart mal identifiés et qui n'ont pas la même représentation pour tous. Effectivement, ne pas être «*comme il faut*» ne revêt pas la même signification selon les époques et selon les milieux tout comme être «*intolérant*» ou «*vulgaire*». Comment lister et classer les causes de l'«*être*» comme on le fait pour le «*faire*» ou l'«*avoir*» ? Et à plus forte raison comment apporter des solutions aux causes les plus en amont ?

── **En Bref** ──────

La cause de ces motifs de mécontentement est à chercher, non seulement chez celui à qui l'on reproche quelque chose, mais aussi chez celui qui reproche. En effet, le mécontentement subjectif vient, notamment, de l'**ignorance** ou de l'**incompréhension mutuelle** ; il vient de **jalousies** ; il vient aussi de **paroles qui blessent**, parce qu'elles expriment des **jugements** hâtifs.

Exemples :

— Madame, je ne peux vraiment pas déplacer la date de la formation.

    On voit bien que vous n'avez pas d'enfants !

— Est-ce que je peux vous rendre service ?

— On voit bien que vous n'êtes pas d'ici !

—... et quand je lui ai dit que je ne pouvais pas lui passer le directeur, il m'a dit : « Madame, je vous emmerde ! »

— On voit bien que tu n'as jamais travaillé dans le social !

1. «*Ils*» nous manipulent

> «*Le sage possède ses opinions, il n'en n'est pas possédé.*»
> J. STOETZEL – *Théorie des opinions* – PUF

«*Ils nous manipulent*»; c'est la réflexion la plus fréquemment entendue lorsque l'entreprise tente d'opérer un changement d'organisation en s'appuyant sur la dynamique de groupe. C'est, en général, ce qui est redouté par des personnes qui ont toujours connu un management dirigiste et qui se trouvent soudain sous la responsabilité d'un manageur participatif. La grogne a ici pour motif la crainte de subir des manœuvres qui pourraient faire changer d'opinion contre son gré et à son insu. En y réfléchissant bien, cela part du principe que seule l'opinion que l'on a déjà est la bonne, que celle-ci nous est venue sans l'intervention de quiconque et qu'elle est si mal assurée dans notre conscience que la moindre discussion pourrait l'ébranler.

Or, si toutefois nous avons des opinions, sachons qu'elles ne sont pas si personnelles que ça et que nous y tenons par simple conformisme.

1.1. Qu'est-ce qu'une opinion?

Tout d'abord, avoir une opinion, c'est juger un sujet en bien, en mal ou en neutre, avec une intensité plus ou moins forte.

En l'occurrence, l'opinion organise les événements dans notre conscience en fournissant leur explication : «*encore un coup de X!*». Mais elle déforme la perception en ceci qu'elle privilégie la recherche des indices la confirmant (pouvant inculper X). C'est donc l'opinion de base qui rend la mémoire sélective.

Les opinions sont plus ou moins évidentes, plus ou moins importantes pour leur détenteur qui les fait ou non évoluer. Elles s'appuient sur des constats ou sur la transmission de mythes* collectifs, auquel cas elles servent à identifier l'appartenance à tel ou tel groupe.

À ce titre, elles sont facteur d'intégration, mais aussi de discrimination. Cette fonction de conscience de l'identité transparaît lorsqu'on se présente.

Le plus souvent on se contente de se définir à travers nos opinions : pour beaucoup, nous ne sommes qu'un nom + une profession + une nationalité et/ou une ethnie + une opinion politique et/ou religieuse, alors que nous sommes bien plus riches que cela. En effet, être « *ceci* » ne recouvre pas la même réalité chez tout le monde, même chez deux personnes qui en ont une idée positive.

Par ailleurs, les opinions sont des failles vers notre inconscient (voir p. 96) car elles le reflètent malgré nous.

On prend fortement position, par exemple, contre des actes qui nous attirent mais qu'on aurait honte de commettre ; on s'oppose, *a priori*, à quelqu'un qui nous rappelle inconsciemment quelqu'un de détesté autrefois ; on soutient, inversement, celui qui nous ressemble, sans chercher s'il a tort ou raison.

Mais les opinions que l'on déclare ouvertement ne sont pas forcément exactement celles que l'on pense vraiment. Sans mériter d'être classé dans les menteurs ou les hypocrites, on a parfois la bienséance de modérer les transports qu'aurait engendrés notre opinion pure et brute et nous avons la pudeur de la voiler de quelques oripeaux d'idées à la mode. Sans être, non plus, des parangons de fourberie, nous avons tous du mal à mettre en pratique pour nous-mêmes, les bons conseils que l'on peut distribuer à nos collaborateurs, tout comme le médecin nous interdisant de fumer nous souffle au visage la fumée de sa cigarette. Cependant, certaines personnes vivent en constante dysharmonie entre les trois pôles : pensée, parole et action. Elles disent ce qu'elles croient qui doit être dit au moment où elles parlent et sont susceptibles de dire le contraire plus tard. Dans ce même temps, elles pensent tout à fait autrement et agissent sans tenir compte ni de ce qu'elles ont dit, ni de ce qu'elles pensent. Inutile de préciser que ce comportement, bien que répandu, est maladif et que, pour son équilibre personnel, de même que pour celui des rapports avec autrui le synchronisme des trois pôles est à rechercher.

Les 3 pôles de l'être

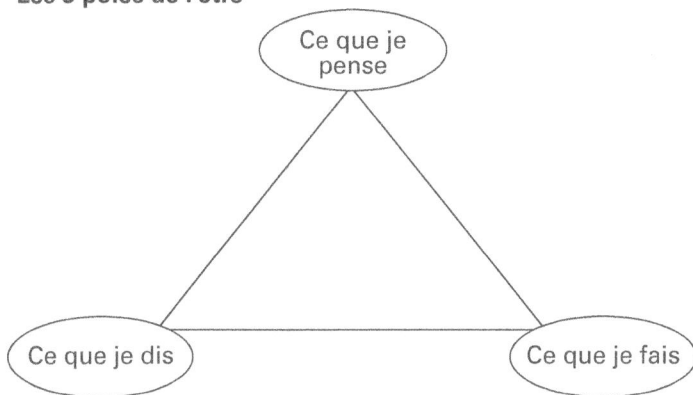

Schéma 6 : Consciemment ou pas, on ne dit pas toujours exactement ce que l'on pense et l'on n'agit pas, non plus, toujours en conformité avec nos opinions, ni celles que l'on déclare, ni celles que l'on pense.

En outre, les opinions sont à la base des actions.

En effet, on perçoit et on retransmet les événements à travers le filtre de nos opinions; on s'apprécie et on se combat à cause de nos opinions. Les opinions nous poussent à agir.

Mais ce sont nos actes qui nous engagent, pas nos opinions.

Assurément, une fois qu'on a agi dans un sens, l'opinion qui nous avait fait admettre qu'il fallait le faire se trouve renforcée. C'est donc avec moins d'hésitation que nous agirons en ce sens une seconde fois et les fois suivantes, avec de plus en plus de certitude d'être dans le vrai. C'est, d'ailleurs, en exploitant ce fonctionnement que les manipulateurs de tous bords nous rallient à leurs groupes de pression : ils nous font commettre un acte bénin, signer par exemple en faveur d'une idée à laquelle nous ne sommes pas opposés. Ils nous préparent ainsi à agir de plus en plus fréquemment, de plus en plus énergiquement, de plus en plus ouvertement, dans le sens de cette idée qui ne nous passionnait pas mais à laquelle nous n'étions simplement pas hostiles. Beaucoup en ressentent un malaise, mais peu songent à protester.

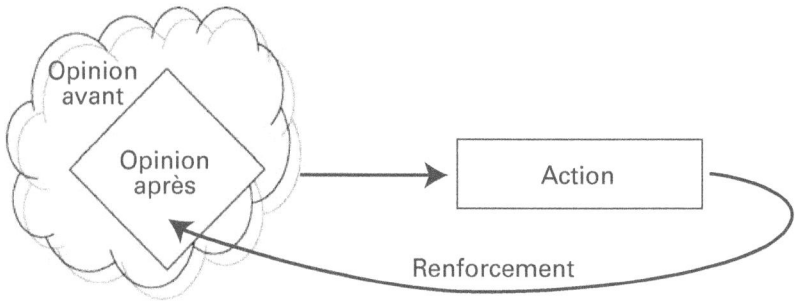

Schéma 7 : Avant d'avoir agi dans le sens d'une opinion, celle-ci n'est pas suffisamment structurée pour être imperméable. Agir conformément à une opinion équivaut à l'afficher et correspond au début d'un engrenage qui empêchera de plus en plus de renier cette opinion.

Certaines méthodes de vente s'appuient sur cette théorie : les questionnaires demandant votre opinion sur l'efficacité de votre fournisseur, vos suggestions pour des améliorations, les formulaires de jeux, les bons de cadeaux que vous devez renvoyer, ne sont que le moyen de vous faire commettre un acte correspondant à une opinion favorable envers votre fournisseur que vous aurez plus de mal à quitter.

En ce domaine, l'automanipulation existe fréquemment, par exemple lorsqu'on s'acharne à reprendre la même fourniture chez un fournisseur qui ne nous a pas satisfait ou à s'encroûter dans une procédure traditionnelle, certes, mais peu efficace.

1.2. La majorité d'entre nous est « *sans opinion* »

L'inertie de l'indifférent agace et il se met à râler lorsqu'on le houspille afin qu'il prenne position ou quand, lorsqu'il ne s'est pas affirmé, un changement a tout de même été mis en place, lui faisant perdre ses repères et engendrant l'angoisse d'un avenir inconnu.

Ce n'est pas la quantité d'informations ou leur accessibilité qui est en cause. Intéressés par rien ou uniquement par leur personne, indécis, sceptiques, fatalistes ou marginaux, il existe une majorité de «*sans opinion*» que l'information n'intéresse pas et qui, privés de références, n'ont donc pas les moyens d'analyser les événements. Ils acceptent des opinions superficielles et occasionnelles qu'ils défendent tièdement le temps que dure leur relation avec ceux qui les leurs ont suggérées. Ils se plaignent de la complexité des faits et de leur exposé; ils se plaignent également de la faiblesse de leur mémoire. Ils sont la proie des groupes de pression – car les groupes de pression savent cela et savent aussi utiliser les médias – qui arrivent ainsi à passer pour plus représentatifs qu'ils ne sont.

Les causes dont on parle le plus ne sont donc pas celles qui sont soutenues par une réelle majorité.

Le «*sans opinion*» n'a pas une haute idée de lui-même et il s'imagine que tout le monde le perçoit sous ce même jour. C'est-à-dire qu'il accuse sempiternellement les autres de le mépriser, de ne pas tenir compte de son avis alors qu'il n'en a pas et ne fait rien pour s'informer.

Ces «*indifférents*» affichent donc des opinions selon les circonstances – un événement qui les touche personnellement, par exemple – et selon certaines pressions éphémères. Les sondages d'opinions sont, à ce titre, une manipulation dans le sens où ils font apparaître un «*plus fort*» à qui les «*indifférents*» ont toutes les chances de se rallier.

1.3. Quand nous en avons, nos opinions ne sont pas si personnelles que ça

Nous ne naissons pas avec des opinions soigneusement rangées au fond des tiroirs de nos chromosomes. Nos opinions viennent de l'extérieur. Elles naissent de la rencontre de notre personnalité avec les influences diverses (éducation, instruction, expériences…) des différents milieux que l'on fréquente (famille, études, travail, loisirs…).

En effet, chacun d'entre nous appartient à plusieurs groupes qui se recoupent parfois : notre cercle familial, notre cercle d'amis, ceux qui ont la même appartenance politique, ceux de notre région, ceux qui ont suivi les mêmes études, ceux qui font le même métier, ceux qui travaillent dans la même entreprise que nous. D'ordinaire, nous véhiculons les opinions de ces groupes…

> **Mais, il nous arrive de renier un ou plusieurs de ces groupes d'appartenance* car nous aspirons à être intégrés dans un groupe dont nous admirons les pratiques et les idées. Nous prônons alors les opinions de ce groupe de référence*, ses préjugés et ses stéréotypes.**

Les groupes ont été étudiés par Kurt Lewin (1890-1947) qui leur a reconnu une dynamique indépendante des personnalités qui les composent. Les membres du groupe adoptent une position au sein du groupe qui n'a parfois rien à voir avec ce qu'ils sont en dehors du groupe.

> **Autour d'un leader se déterminent le bras droit, le flagorneur, l'opposant (qui aurait très bien pu être le leader si le groupe s'était constitué autrement, un autre jour, dans d'autres circonstances…), le questionneur, le spécialiste universel, le ronchon, le boute-en-train, le déviant (vecteur de l'idée originale) et même le marginal (qui ne se reconnaît pas dans la pensée du groupe mais qui est là physiquement).**

Un individu peut être le ronchon dans un groupe et le boute-en-train dans un autre.

> **Le groupe constitué, un sentiment d'appartenance naît qui devient de plus en plus fort avec le temps et qui engendre une pression de conformité*.**

Les membres du groupe se sentent obligés de prôner ou de réprouver certains propos ou certaines conduites. Sous cette pression, le groupe filtre la réalité en ceci qu'il déduit de quelques éléments (propos, comportements), voire d'une simple impression, une ligne de conduite qu'il prête à des gens qu'il ne connaît pas.

> **C'est ce qu'on appelle l'effet de halo*. Il généralise, donc, le peu qu'il a perçu et le transforme en stéréotypes* vivaces qu'il met en scène dans des mythes*.**

La mythologie des entreprises s'illustre notamment par le mythe* du patron despote et manipulateur; par le mythe* du commercial qui gagne beaucoup en n'en faisant pas lourd puisqu'il n'est jamais au bureau; par le mythe* du chef de travaux qui se repose dans son bureau pendant que les ouvriers sont sur le terrain à travailler; par le mythe* du syndicaliste opposé à tout changement et perpétuellement en grève... (selon votre groupe d'appartenance, vous venez sans doute de penser « *oui, mais là c'est vrai!* » à l'un ou l'autre de ces exemples, n'est-ce pas?).

Quand on discute au sein d'un groupe, le plus souvent, ce n'est pas pour faire évoluer les idées du groupe, mais pour se conforter dans les idées acquises et pour organiser des actions destinées à convaincre le reste du monde.

La foi dans les croyances du groupe est à rapprocher de la foi dans l'efficacité de médicaments qu'on appelle l'effet placebo*.

Dans les expériences médicales, régulièrement, environ 30 % de l'échantillon qui a été traité avec des gélules ne contenant qu'un peu de farine et de sucre se déclare soulagé, voire guéri. Il l'est, en fait, grâce à la confiance qu'il a dans la médecine, le mode de soin ou la personne du médecin et non pas grâce à la molécule qu'il aura ingurgitée. Cette foi rend le groupe sûr de lui, de son bon droit, de sa puissance. Un groupe tellement sûr de la force que lui octroie sa forte cohésion court le risque de ne pas identifier les éléments qui lui permettraient d'évaluer la baisse de son influence et d'adapter son attitude : c'est l'effet Janis*. Nous en avons eu une illustration, en France, lors des dernières élections.

Le groupe est vecteur de préjugés et de croyances qu'il a tendance à imposer violemment.

En effet, les membres d'un groupe s'empressent de dire le contraire de l'ennemi, dans quelque domaine que ce soit, aussitôt que celui-ci s'est exprimé et de dire la même chose que son leader dès qu'il s'est prononcé. Le groupe peut manifester une réaction de masse cruelle, comme le lynchage, sous le choc d'une information soudaine et interprêtée comme une agression. La propagande politique de tous bords sait très bien exploiter ces réactions groupales en faisant appel à des valeurs fédératives comme la sécurité, la vie, la nature, la liberté, la justice, la solidarité… En effet, ces valeurs ne sont l'apanage d'aucun parti, puisque la différence entre les partis réside précisément dans leur interprétation et leur concrétisation de valeurs sous forme d'actions, mais chacun prétend en être le garant.

> **Enfin, quels que soient ces groupes, c'est sous la pression de conformité communautaire que nous soutenons des opinions que nous croyons personnelles.**

Et c'est sur ce phénomène, entre autres, que s'appuient les manipulateurs de tous bords quand ils s'attendent que nous nous conformions au discours qui semble émaner de notre catégorie professionnelle, du parti politique dont nous sommes sympathisants ou de l'opinion majoritaire.

> **C'est précisément quand nous refusons la discussion, craignant d'être manipulés, que nous sommes manipulés.**

1.4. Tout fait râler celui dont les opinions sont inébranlables

Qu'on l'appelle extrémiste, sectaire*, fanatique*, intégriste*, fondamentaliste*, dogmatique*, celui-ci râle dès qu'il lui semble que ses idées sont attaquées. Ses réactions épidermiques excessives agacent les autres. Mais cette tournure d'esprit nous menace tous car peu d'entre nous réfléchissent, peu doutent, peu d'entre nous ont conscience des limites de leurs informations et ils affirment comme vérité universelle un simple sentiment personnel. C'est la fidélité que le râleur extrémiste croit devoir à ses opinions qui lui font nier l'évidence.

> **Le râleur extrémiste ignore que les opinions ne sont pas rationnelles, mais émotionnelles donc subjectives, et qu'on a parfaitement le droit d'en changer.**
>
> **D'ailleurs, les «*bonnes*» opinions n'ont qu'un temps.**

Les bien-pensants du moment freinent l'émergence d'idées nouvelles et honnissent ceux qui les ont précédés. Galilée et Pasteur sont célèbres non seulement pour leurs découvertes, mais aussi pour le mal qu'ils ont eu à les faire admettre, surtout pour le premier. Et, malheureusement, ce sont souvent ceux-là qui deviennent les bien-pensants qui refréneront leurs successeurs. Le paternalisme de certains industriels du XIXe siècle est décrié de nos jours parce qu'il est perçu comme une sujétion de l'employé alors qu'il a permis, en son temps, à certains ouvriers, de vivre dans des conditions bien meilleures que celles de la majorité des ouvriers de l'époque. Par exemple, le Familistère créé par Jean-Baptiste Godin en 1850, à Guise, dans l'Aisne, certes sur le modèle « révolutionnaire » du phalanstère de Charles Fourier (1772-1837), offrait des logements ensoleillés de 3 à 6 pièces pouvant atteindre 20 m², avec eau courante et sanitaires à tous les étages, ainsi que piscine, économat, école et théâtre. La rigoureuse structure féodale qui a pendant des siècles organisé tous les aspects (famille, travail, politique) de nos sociétés était adaptée aux mentalités et aux compétences de l'époque ; sans aucune instruction, la majorité de la population n'avait pas les moyens de choisir librement ses opinions et ses actions. Elle aspirait à être dirigée par un chef qu'elle souhaitait fort mais juste. Nous ne retenons aujourd'hui que les cas où ce chef était cruel et injuste et n'y voyons qu'asservissement par un seul d'êtres humains à qui nous prêtons les mêmes capacités et connaissances que les nôtres. Nos aspirations les plus honnêtes et notre management actuel passeront, sans doute, pour une abomination aux yeux des générations futures et pour des raisons sans aucun rapport avec celles que nous pourrions imaginer aujourd'hui.

L'extrémiste est une personne qui n'admet d'opinion que si elle peut se rattacher au lourd système qui s'est échafaudé dans son esprit et qui détermine les bons et les méchants, les bonnes et les mauvaises pensées. Il juge les gens en fonction de leur appartenance à une classe sociale, à une profession, à un syndicat, à une religion, à un parti politique... et non pas en tant qu'individu complexe. Il juge les idées en fonction de qui les émet. Celles énoncées par un membre de son groupe d'appartenance, qui plus est : son leader, ne peuvent qu'être bonnes. Celles émises par qui que ce soit d'autre, à plus forte raison appartenant à un groupe traditionnellement adverse, ne peuvent être que mauvaises. Il n'évalue aucune idée en fonction de ce qu'elle est, mais tente de la rattacher à son système. Si elle s'y intègre, elle peut effectivement être bonne mais si elle s'y oppose, elle ne peut être que répugnante. Si elle ne s'y rattache pas, elle laisse indifférent ou est classée prudemment dans les mauvaises.

Exemple (volontairement simpliste pour ne rentrer dans aucune idéologie... quoique...)

J'aime, ainsi que mes amis, la nourriture sucrée. Nous en discutons souvent et en sommes venus à prôner les repas de desserts. Nous ne comprenons pas comment les autres peuvent encore faire des repas traditionnels. Lorsque nous sommes invités, nous refusons les plats tant qu'on ne nous donne pas un dessert; parfois, nous prévenons, au moment de l'invitation, qu'il faudra nous faire un menu spécial pour être honoré de notre présence.

Lorsqu'on nous fait des discours à propos des méfaits du sucre sur le métabolisme et du danger des régimes déséquilibrés, nous repoussons ces conformistes qui verront bien que l'avenir nous donnera raison. Mais nous sommes très ouverts. Nous admettons, par exemple, toutes les suggestions de mets sucrés originaux exotiques ou nouvellement créés.

Seul l'aspartam nous divise. Pour certains, c'est un pis-aller qui peut se comprendre lorsqu'une personne suit un régime, pour d'autres, c'est une hérésie qui les hérisse.

Je pense que nous représentons l'avenir du bon goût. D'ailleurs, nous diffusons une revue et avons créé un site Internet qui permettra de ramener beaucoup de monde à la raison.

Les opinions

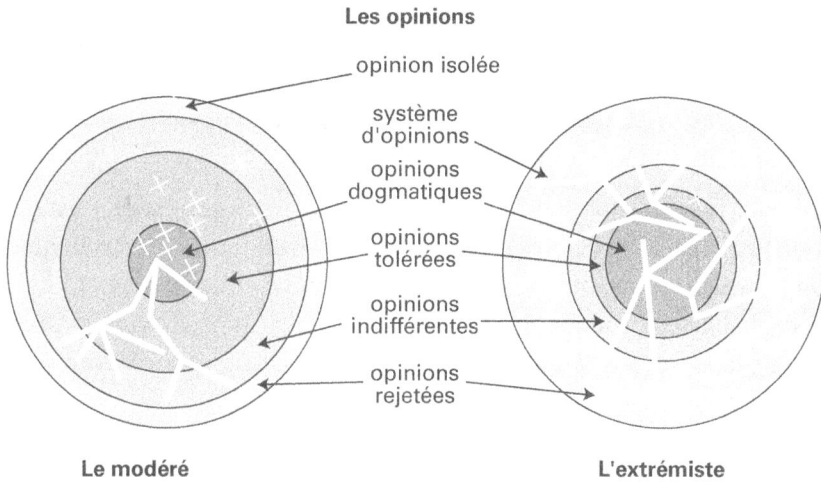

Schéma 8 : Nos opinions sont isolées ou s'organisent en ramifications. Tenir fortement à telle opinion fait qu'on tient aussi fortement à telle autre mais que telle autre encore est rejetée alors qu'une autre est tolérée. Nous avons donc des opinions de différents degrés : dogmatiques, tolérées, indifférentes, rejetées.

Le modéré aura peu d'opinions dogmatiques et en acceptera de nombreuses sans les partager. De ce fait, il en rejettera très peu.

L'extrémiste, de son côté, aura de nombreuses opinions dogmatiques et rejettera un grand nombre d'opinions parce que rien ne peut exister sans s'organiser dans son système ; il est «pour» quelqu'un parce qu'il est de tel parti, de telle nationalité, de tel syndicat, de telle religion, de tel courant de pensée...

Les idées qu'il tolérera ou qui le laisseront indifférent seront très peu nombreuses.

Le dogme* est une sacralisation des formules et des idées.

Celles-ci sont souvent honnêtement motivées autour du Bien d'autrui, de la Vérité, du Bonheur universel. Le dogme aveugle ; il interdit l'examen d'idées extérieures et, surtout, il refuse toute idée contradictoire. Par ailleurs, il impose prosélytisme* et combat (publication, discours, manifestations, terrorisme) en le légitimant par la détention de la Vérité. Ainsi le dogmatique croit-il en la possibilité de faire adhérer le monde entier à ses idées grâce à son combat. En dehors de cela, il n'a pas d'opinions privées.

Le dogme nie l'individu.

De la sorte, la cohésion est forte dans le groupe. Elle entraîne une dramatisation des événements qui deviennent presque tous des attaques contre lesquelles il faut lutter, et l'ennemi devient un monstre à abattre – quelquefois concrètement.

Or l'ennemi n'est pas si différent que ça. De même que l'ami n'est pas si identique que ça ; ce n'est pas parce qu'on est d'accord sur quelques points – les seuls dont on discute – qu'on est d'accord sur tout. Il existe de parfaits caméléons qui, de groupe en groupe, discutent d'une partie différente de leurs opinions sans être en désaccord avec eux-mêmes et sans être pour autant hypocrites.

De plus, étant donné qu'on a tendance à ne discuter – uniquement de ce sur quoi on est d'accord – qu'avec ceux qui sont de notre avis, on peut n'avoir qu'une idée commune mais ne voir qu'elle tout comme on peut avoir une foule d'idées communes avec quelqu'un d'étranger et ne pas les voir.

L'illusion d'avoir trouvé l'alter ego* peut durer jusqu'au jour où on l'entend formuler une opinion qui nous est contraire ou lorsqu'on le voit agir contrairement aux idées qu'on lui prête. On le qualifie alors de traître, de renégat, de « *réac* », de jaune, de suppôt de l'ennemi. Le dogmatique favorise l'appartenance par rapport à la quantité d'idées partagées.

L'aveuglement

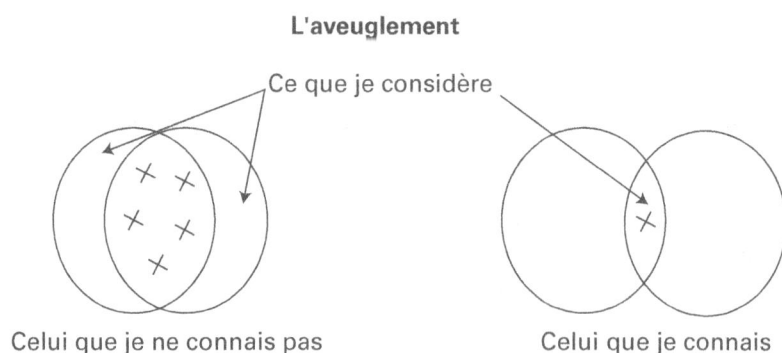

Schéma 9 : Si l'on ne discute que des idées communes, on a l'impression d'être entouré de personnes qui nous sont entièrement semblables (alter ego) alors qu'elles peuvent l'être plus ou moins. Si l'on ne discute jamais avec des personnes nouvelles, on ne s'apercevra jamais qu'elles ont des idées communes avec nous.

De plus, dans les débats d'idées, bien des conflits reposent sur des confusions sémantiques et seraient résolus en ouvrant un dictionnaire. Mais l'extrémiste est si sûr de son vocabulaire qu'il ne s'y résout jamais.

Par exemple :

⇨ *37% des Français emploient le mot «anarchiste» pour désigner une personne qui veut réformer la société (en place de révolutionnaire); 32% pour désigner une personne qui perpètre des attentats (en place de terroriste) et 31% seulement, dans son sens académique, pour désigner une personne qui refuse toute autorité, toute règle imposée, et n'a rien à proposer en remplacement.*

⇨ *85% des Français emploient le mot «réactionnaire» (diminutif : «réac») pour désigner une personne de droite, voire d'extrême droite; 9% pour désigner une personne qui souhaite un retour à un régime antérieur et 6% seulement, dans son sens académique, pour désigner une personne qui réagit contre un mouvement qui ne lui convient pas.*

⇨ *63% des Français utilisent le mot «clivage» dans le sens de «conflit» alors que 47% l'utilisent dans son sens académique de «séparation».*

⇨ *80% des Français utilisent le mot «a priori» pour désigner des préjugés négatifs; 19% l'emploient dans son sens académique pour désigner ce qui est avant l'examen de la situation et 1% comme synonyme du mot «contrainte».*

⇨ *59% des Français utilisent l'adjectif «empirique» comme synonyme d'«imposé»; 30% l'utilisent dans sons sens académique pour désigner ce qui est «connu par expérience» et 11% n'ont aucune idée de ce qu'il peut bien vouloir dire.*

⇨ *pour 92% des Français, un «délire morbide» est fait de propos exagérés au sujet de la mort. 8% seulement savent qu'il s'agit de propos en décalage avec la réalité, sans être systématiquement macabres, tenus par un individu malade.*

Ce qu'il est important de savoir, c'est que ceux qui connaissent le sens académique d'un mot en connaissent le plus souvent les sens erronés, mais ceux qui n'en connaissent que le sens erroné, n'auront jamais l'idée qu'il puisse vouloir dire pour d'autres autre chose que ce qu'ils ont imaginé. Mesurez donc, avec cet exemple, l'importance de la précision du vocabulaire employé dans un discours! Imaginez les mécontentements évités uniquement par l'emploi de mots moins galvaudés!

L'opinion monolithique* de l'extrémiste n'est pas facile à ébranler et ne peut être désassemblée sans heurt. En effet, lorsqu'une évidence vient contredire une opinion à laquelle on tient fortement, par exemple, lorsqu'on reste attaché à notre ancien groupe d'appartenance (famille, amis, collègues…) tout en se ralliant aux opinions d'un nouveau à la suite d'études, de déménagement, de mariage, de promotion ou lorsqu'on commet l'acte qu'on a toujours réprouvé : « *Video meliora deteriora sequor* »[1], ou lorsque notre propre leader se révèle opposé à l'une de nos convictions, une névrose* s'installe. Nous subissons des insomnies, des angoisses, des obsessions, des maladies psychosomatiques*.

Toutefois, pour y échapper, l'inconscient humain opère une réduction de dissonance*.

C'est-à-dire qu'il se convainc que la distance est, tout compte fait, minime ; que ce n'est pas si grave ; que ce n'est arrivé qu'une fois ; que ça ne compte pas ; que ce n'est pas pareil ; que ce n'est, finalement, pas vrai ; que le leader n'était pas si compétent que ça ; que, dans le fond, c'était un pourri… Il faudra donc d'autres assauts pour que l'extrémiste se remette en question. Cependant, celui qui a douté, qui a cédé à la tentation, sera plus tolérant à l'avenir, alors que celui qui a résisté devient encore plus intransigeant.

La résistance au changement

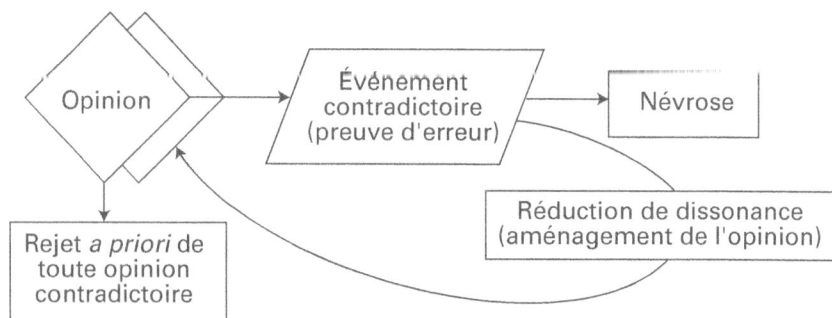

Schéma 10 : Pour se préserver de la névrose qu'entraînerait la prise de conscience de la fausseté de notre système d'opinion, nous refusons d'entendre toute opinion différente et aménageons notre opinion (réduction de dissonance) à chaque rencontre d'un événement contradictoire (dissonance).

---

1. Faites ce que je dis, pas ce que je fais.

Exemple :

Dissonance	Réduction de dissonance
Mon leader s'allie soudainement avec ceux qu'il a toujours qualifiés d'ennemis	*On s'était trompé sur leur compte*
Mon leader demande, pour convenance personnelle, de rejeter une partie des membres du groupe alors qu'on les juge honnêtes	*J'avais mal compris la réelle ligne de conduite du groupe*
Je m'aperçois qu'un très bon ami, très honnête, appartient au groupe d'opinion adverse	*Lui, il n'est pas comme les autres*

1.5. Cela dit, les techniques de manipulation existent bel et bien

Cela dit, les manœuvres destinées à faire changer d'opinion existent. Mais il ne faut pas les confondre avec la discussion, avec la communication.

Communiquer, c'est, avant tout, écouter jusqu'au bout l'opinion de l'autre, puis lui en exposer une autre, avec toutes les explicitations nécessaires, notamment dans les aspects susceptibles de le toucher affectivement, pour le laisser, enfin, libre de s'approprier ou non certains éléments de cette opinion.

Communiquer, c'est aussi accepter de remettre en cause sa propre opinion et accepter d'intégrer certains éléments de l'opinion de celui-là même à qui on vient d'exposer la sienne.

Communiquer ménage la liberté de chacun.

Certaines manipulations se cachent sous ce nom, mais elles sont faciles à dépister lorsqu'on a l'habitude de communiquer.

Le problème, souvent, de ceux qui ont peur d'être manipulés est que leur opinion n'est pas construite.

Ils manquent donc d'arguments, ont peur d'être pris en défaut, d'être déstabilisés et refusent systématiquement toute discussion. Leur prise de position ne repose, en effet, bien souvent, que sur une affirmation gratuite qui leur a été inculquée ou un vague sentiment sans charpente.

Manipuler un individu consiste à lui faire «*gober*» une opinion sans rapport avec son mode habituel de pensée ou lui faire commettre un acte qu'il n'aurait pas commis de son propre chef, en se servant de leurres qui lui font perdre ses repères, et ce afin d'enclencher le phénomène d'engagement* (voir schéma 7, p. 48).

Il s'agit d'obscurcir ses pensées en interprétant ses propos, en détournant ses idées, en ridiculisant ses affirmations en lui disant qu'il a été manipulé précédemment, en affirmant que ses amis pensent, précisément, ce qu'on est en train de lui insuffler. C'est ce qu'on appelle l'intox.

Manipuler un groupe comme manipuler les foules relève du même processus. Cela consiste à embrouiller le débat par la multiplicité de questions, par l'interprétation des réponses, par l'insistance sur la difficulté à trouver des solutions sans l'aide du maître à penser.

Cela consiste à s'appuyer sur les stéréotypes* du groupe pour ridiculiser l'opinion qu'on veut faire rejeter et ses principaux défenseurs, notamment le leader du groupe.

Cela consiste aussi à prétendre (avant le débat) que le groupe d'opinion adverse a tenu des propos ou commis une action intolérable pour le groupe qu'on est en train de manipuler ou, inversement, qu'un groupe admiré ou qu'une personne prestigieuse a émis l'opinion qu'on veut imposer.

À ce titre, les sondages d'opinion font office de pression de conformité*.

Le tableau ci-contre vous permettra d'établir une comparaison entre la communication et les manipulations et vous serez à même de juger si ce que vous aviez préalablement qualifié de «*lavage de cerveau*» ou de «*manipulation*» en était en effet.

Communication	Manipulations	
	Intoxication	**Lavage de cerveau**
• Écoute bienveillante de toutes les opinions	• Création d'un nouvel environnement	• Enregistrement magnétique à froid des propos de la victime
• Exposé des arguments qui soutiennent l'idée qu'on voudrait faire partager	• Maîtrise des médias	• Création d'une tension nerveuse, d'un épuisement physique
• Utilisation d'arguments adaptés à chaque interlocuteur	• Diffusion d'idées à implanter sous forme de slogans	• Écoute de ses idées sous l'empire d'émétiques
• Questionnement sur les positions de l'autre	• Attaques contre les valeurs à éradiquer	• Diffusion des opinions à implanter après injections de calmants
• Acceptation d'intégrer totalement ou en partie les idées d'autrui	• Accusation de personnes qui défendent ces idées	• Amélioration des conditions de vie quand les nouvelles idées sont émises
• Acceptation de l'attente nécessaire à la réflexion	• «Ridiculisation» de ces valeurs et de ces personnes	
• Acceptation de voir ses idées rejetées	• Suppression des moyens de comparaison	
	• Amputation de l'information	
	• Transformation ou suppression du contexte d'une déclaration	
	• Isolement d'une phrase	
	• Présenter comme un démenti	
	• Presser à passer à l'acte ne serait-ce que par une signature	
	• Punition (vexation, moqueries, quarantaine...) pour celui qui émet les idées à éradiquer	
	• Récompense (valorisation, promotion...) pour celui qui émet les idées implantées	

Aux manipulations répondent l'effet placebo* (voir p. 51) et l'effet boomerang*.

On peut donc estimer que 30 % de l'auditoire, déjà convaincu de la crédibilité des leaders d'une opinion, pratiqueront le prosélytisme* à l'issue d'une intoxication. Quel en est l'intérêt puisqu'ils étaient déjà favorables auparavant ? Les 70 % restants se diviseront entre désespérément indifférents, prêts à changer dès qu'une autre opinion sera valorisée ; timides, se sentant obligés de proférer l'opinion ou d'agir sans la contrer, et, enfin, projectiles de l'effet boomerang* plus sévèrement hérissés que jamais contre cette opinion là. En effet, trop de pression envers un interlocuteur, le conduit à soupçonner une manœuvre et provoque, chez lui, une résistance associée à un renforcement des opinions contraires. C'est ce qu'on appelle l'effet boomerang*. Nous en avons eu un exemple lors du premier tour de l'élection présidentielle de 2002.

C'est en identifiant des manipulations qu'on distingue un groupe totalitaire*. Ceux qui emploient ces moyens là, même si c'est pour, prétendument, le bien commun, n'ont d'autre intérêt que le bien de leur groupe, voire de leurs leaders. S'ils professent la liberté, il ne s'agit que de la liberté de penser comme eux. Et, quelquefois, ce bien de l'humanité passe par l'extermination de tous ceux qui ne l'envisagent pas de la même manière. L'Histoire nous en a donné des exemples à l'occasion des diverses révolutions qui ont eu lieu dans le monde. L'entreprise, quant à elle, prend parfois des sanctions d'éviction ou de quarantaine envers ceux de ses cadres qui n'adhèrent pas à l'avis de la direction qui, bien que moins définitives, n'en sont pas moins dévastatrices sur les carrières et les personnes. Certains syndicats ont tendance à rejeter systématiquement les propositions du patronat simplement parce que le patronat a été désigné comme ennemi il y a 100 ans et sanctionnent ceux des leurs qui tentent d'examiner les problèmes de l'entreprise sous un autre angle que le leur.

Inversement, exposer ses idées et en expliciter les raisons tout en étant disposé à comprendre celles des autres voire à y adhérer n'est pas de la manipulation.

> **Les travaux de Kurt Lewin ont démontré que les discussions de groupe font évoluer les opinions, non pas vers l'opinion majoritaire ou une opinion suggérée, mais vers une plus grande objectivité.**

À cet égard, la transparence évite bien des mécontentements fondés sur l'interprétation des intentions.

1.6. Mais la conversion totale existe en dehors de toute manipulation

La conversion est rarement soudaine à moins qu'elle provienne d'un choc affectif (triomphe ou humiliation) ou d'une émotion collective extrême. Elle est le plus souvent l'issue d'un long travail de maturation qu'on peut découper en quatre phases :

1. Longue phase de **prise en compte d'éléments occultés précédemment** (dissonances*) qui altèrent peu à peu la croyance. Mais le comportement ne change pas ; c'est pourquoi l'entourage ne se rend compte que de l'étape finale et est toujours persuadé que la conversion a été soudaine.

2. Phase de «*débâcle*» au sens propre du terme : le système de valeur se dégivre comme la glace sous l'effet de la chaleur du printemps. Les convictions, jusque-là bien organisées, n'ont plus de liens si logiques que ça ou les événements ont remis en question les valeurs de base : les chefs ne sont pas tous caractériels ou les subordonnés ne sont pas tous irresponsables.

3. Phase de **réorganisation en systèmes des nouvelles opinions** autour d'une valeur de base. Cette phase est plus ou moins longue selon qu'il suffit de changer la direction de certains liens logiques entre les opinions ou qu'il faut tout réinventer.

4. Phase d'«*embâcle*» où, à l'inverse de la «*débâcle*», la glace prend et le nouveau système de valeurs se fige.

Le converti est généralement plus zélé (prosélytisme*) qu'il ne l'était dans ses convictions passées. En effet, seul l'abondement public dans le sens des nouvelles croyances lui permet de surmonter la tension engendrée par son changement. Il dévalorise ses anciennes convictions, il se donne en exemple : sa conversion est la preuve du manque de véracité des idées passées. Cela l'aide à assumer, non seulement son revirement, mais aussi les assauts de ses anciens coreligionnaires qui ont peur de la contagion et le dénigrent, le traitent de « *jaune* », de « *traître* », de « *vendu* »…

1.7. L'individu mature, quant à lui, ne craint pas les manipulations

À 3 ans, nous vivons une **crise de personnalité** qui se manifeste par une opposition à nos parents qu'ils appellent « *caprices* ». À 5 ans, la **crise œdipienne** s'exprime par une rivalité avec le parent de notre sexe. Cette crise se termine par une identification à ce parent et la peur de le perdre. À 10 ans, nous entrons dans l'**âge ingrat**, celui des critiques, pour, à 14 ans, avec la puberté et la **crise d'adolescence**, contester toutes les valeurs. À cette époque là, parce qu'on refuse l'enfance, on cherche à rationaliser* ses émotions.

Cette dernière crise résolue nous entrons dans la maturité*.

Mais l'être humain franchit avec plus ou moins d'intensité chacune de ces étapes. Certains s'attardent plus longuement, d'autres régresseront* après avoir atteint l'âge adulte. On dit parfois que la crise d'adolescence commence à 14 ans et se termine on ne sait quand…

Toutefois, les tournants de la vie adulte : rentrer dans la vie active, se marier, avoir des enfants, rencontrer des personnes à la forte personnalité, essuyer des drames, affronter des pressions, vivre une guerre, perdre des êtres chers, passer les 30 ans, les 40 ans, les 50 ans, sont des occasions de remise en question des certitudes archaïques qui empêchent d'entrer dans la maturité*. Les utopies* s'installent quand on n'a pas de vrai problème ; elles ne résistent pas à la dure réalité du quotidien.

En effet, l'atteinte de la « *maturité** » n'est pas le durcissement du système d'opinion. Atteindre la maturité*, c'est ne plus

être esclave de ses opinions sans pour autant cesser d'y tenir.

C'est être capable de rire des choses que l'on aime et de soi ; c'est ne plus « *démarrer au quart de tour* » au moindre soupçon d'opinion différente, c'est ne plus voir une agression dans un simple mot ; c'est chercher des informations (et non pas attendre qu'on nous en fournisse) ; c'est se représenter différents points de vue sur le sujet pour en tirer ses propres conclusions et savoir vivre sans position anti-cipée dans aucun domaine ; c'est penser en « *je* » et non plus en « *nous* » (nous les jeunes, nous les étudiants, nous les émigrés, nous les sala-riés, nous les cadres, nous les patrons…) sans pour autant renier nos origines.

Le progrès, ce n'est pas voir son système de valeurs se figer, mais, au contraire, le rendre perméable à d'autres conclusions et le rendre capable de tolérer, c'est-à-dire accepter sans y adhérer pour autant, les autres positions.

C'est aussi, dans l'absence de vérité révélée, ne pas vouloir une réponse à tout prix mais accepter que notre interrogation soit sans réponse : on vit bien mieux avec des questions qu'avec des certitudes.

En Bref

Si manipuler c'est faire changer d'opinion quelqu'un à son insu, c'est chose rare car il faut pour cela avoir une opinion, et :
⇨ la majorité d'entre nous n'en a pas du tout ;
⇨ beaucoup se contentent de véhiculer sans réfléchir celles de leur groupe d'appartenance.

Ceux qui ont une opinion l'ont mûrie, ont des arguments pour la soutenir et sont ouverts aux autres propositions et à la communication. Ce qui importe pour eux, c'est de parvenir à un accord minimum, peut être temporaire, mais qui permette d'avancer.

Provoquer la réflexion n'est pas de la manipulation. Au contraire, la mani-pulation empêche de réfléchir :
⇨ en forçant l'engagement (voir schéma 7, p. 48) ;
⇨ par technique d'intoxication (voir tableau, p. 61) ;
⇨ par technique de lavage de cerveau (voir tableau, p. 61).

2. «Ils» font que nous crier dessus!

> *« Si ton chef se met en colère n'abandonne pas ton poste :*
> *une attitude calme évite de graves erreurs.»*
> PAUL, *Épître aux Romains* 12;18

Si certains expriment leur mécontentement en poussant des *«coups de gueule»*, ces mêmes excès vocaux – et parfois gestuels – mécontentent ceux qui les subissent.

Exemple :

Monsieur Gueulard s'y prend toujours la veille du jour où il doit le remettre pour rédiger un rapport. Il donne ses brouillons à la saisie morceau par morceau, au fur et à mesure que lui vient l'inspiration, demande des impressions et remanie son texte à plusieurs reprises toujours en suivant la même procédure : passages épars + impressions + remaniements.

L'opérateur a du mal à présenter le travail car il n'en perçoit pas l'ensemble et les remaniements lui demandent beaucoup plus de temps qu'une saisie au kilomètre. De plus, il se fait ponctuellement engueuler parce qu'il ne va pas assez vite et que son travail est mal présenté. Aussi, les jours de rapport, il finit très tard dans la soirée, de très mauvaise humeur, et doit encore s'expliquer à la maison pour son retour tardif.

Lorsque monsieur Gueulard vient faire un esclandre, ce n'est pas à l'opérateur qu'il en veut, mais à lui-même. Il est en colère contre son incapacité à faire quelque chose dans les temps, son manque d'organisation et son désordre.

La colère n'a pas de sexe, pas de localisation géographique, pas d'appartenance ethnique. La colère est une émotion légitime qui a sa place chez tout être humain. Elle est le révélateur de la frustration de nos besoins de base ; l'indicateur de ce que la situation actuelle, telle que nous la percevons, ne correspond pas à ce que nous en attendions. La colère est un moyen de défense qui manque à ceux dont l'éducation prime sur elle. Sans colère, ils sont désarmés.

Néanmoins, ce n'est pas l'intention du coléreux qui importe dans une altercation mais le ressenti de ses interlocuteurs. S'il a face à lui quelqu'un dont c'est aussi le moyen d'expression il n'y a aucun dégât. Mais, dans le cas contraire la colère fait peur, l'interlocuteur réagit comme si le coléreux allait le tuer et c'est cela qui est grave. Sans compter que la peur de sa « *victime* », ses pleurs, ses justifications empêtrées agacent encore plus le coléreux.

Car, premièrement, le coléreux (la coléreuse)[1] est un faible qui masque son incertitude derrière une façade.

Il doute de lui-même au point de considérer la moindre contrariété comme un défi qui remet en question sa dignité. En général, il réagit ainsi à des situations dans lesquelles il a l'impression que son honneur est mis en cause, que quelqu'un ou quelque chose ne se comporte pas en accord avec ses croyances et avec son système de valeurs ; qu'« *ils* » transgressent certaines de ses règles personnelles et, par conséquent, le menacent (fondamentalisme*). Il est tenté de réagir agressivement pour mettre fin à cette menace. L'agressivité provient donc en partie de la conviction qu'il y a un événement, une personne ou une chose qui est responsable de sa détresse, et il cherche un moyen de corriger la situation ou de soulager sa tension. Une trop grande sensibilité personnelle ou des attentes irréalistes peuvent amener des perceptions erronées et des colères injustifiées.

Deuxièmement, le coléreux n'a jamais appris à s'exprimer avec des mots.

Sans doute parce qu'avec la colère il obtenait de ses parents ce que ceux-ci n'accordaient pas si c'était demandé avec de simples mots. La colère était la base du fonctionnement de tout son entourage dans son enfance (une famille composée de ceux qui se mettent en colère et de ceux qui se tassent). Il a donc la mauvaise habitude de tout garder en dedans, de tout laisser bouillir jusqu'à ce que tout explose. Le reste du temps, il n'ouvre la bouche que pour faire des critiques et donner des ordres.

---

1. Toute personne ayant suivi une scolarité de base sait que le masculin sert à exprimer le neutre dans la langue française qui ne possède pas ce genre. Nous cesserons donc ici, après cet exemple, de nous livrer à la ridicule futilité de la féminisation à tout va.

La colère est une violence.

Parfois physique, envers les personnes et les objets, souvent verbale, à travers les cris et les injures qui empêchent l'expression d'autrui. Elle est aussi psychologique car elle dénigre l'autre, souligne continuellement ses défauts avérés ou non, le menace.

La colère n'est donc pas un bon moyen d'expression, ni de management, ni de revendication.

── En Bref ──

Les coléreux ne savent pas communiquer autrement que par les cris. Lorsqu'ils font une colère, c'est comme s'ils hurlaient leur sentiment d'échec, bien que leurs mots disent d'autres choses. À moins d'être doublé d'un pervers, le coléreux ne se rend pas compte qu'il sape le moral de son interlocuteur.

3. « *Ils* » font la gueule pour un rien ! »

> « *Bouderie : une grève de gamin.* »
> Jules RENARD

Ceux qui *« font la gueule »* irritent leurs collaborateurs qui voient dans leur attitude un manque de civilité, voire du mépris spécifiquement dirigé contre eux. Celui qui *« fait la gueule »* ne dit rien, mais ce n'est pas parce qu'il n'a rien à dire, au contraire ! C'est parce qu'il en aurait beaucoup trop à dire, et des choses beaucoup trop dures pour être dites d'autant plus qu'il sait qu'il les dirait beaucoup trop violemment. Le bouder exprime par le mutisme et un air renfrogné son propre mécontentement. Il est, la plupart du temps, persuadé que son interlocuteur est conscient de sa responsabilité, de ce qu'il a fait de contrariant, et qu'il comprend très bien, ainsi, le message. Que d'incompréhension à la base de ce mécontentement réciproque !

Lui couper la parole, lui imposer ce contre quoi il s'est opposé, puis triompher d'avoir obtenu gain de cause, revendiquer violemment et sans cesse ce qu'il ne veut pas céder, le presser de questions sur un thème qu'il ne souhaite pas aborder sont autant de contrariétés qui poussent le boudeur dans ses retranchements. Son inconscient* le protège ainsi des paroles définitives qu'il pourrait dire et sanctionne, pas très efficacement, il faut le reconnaître, l'importun.

Le boudeur fut un enfant qui n'avait pas le droit d'exprimer son mécontentement, voire seulement de poser des questions. La bouderie est devenue le seul moyen dont il dispose pour le manifester. Il est d'ailleurs toujours persuadé que sa contrariété est anormalement démesurée et que l'exprimer causerait des dégâts relationnels alors que la solution de se taire qu'il adopte en cause beaucoup plus. Il ne se rend pas compte de la perplexité dans laquelle se trouvent ses inter-locuteurs et du ressentiment que ceux-ci développent à son égard. Il ne se rend pas compte qu'il existe des gens pour qui se taire signifie qu'on n'a rien à dire et qui vont continuer à agir de la façon qu'il réprouve puisqu'il n'a pas dit clairement que cela le contrariait.

Le boudeur peut aussi avoir été un enfant qui pratiquait un chantage envers ses parents afin d'obtenir ce qu'ils lui refusaient. Son silence buté était une sanction suffisante pour parvenir à ses fins ; c'est pourquoi il reproduit cette attitude, ne se rendant pas compte que ce qui pouvait fonctionner dans la cellule familiale ne fonctionne pas forcément quand on change d'entourage.

On ne « *dresse* » pas un boudeur. On ne l'amène pas à parler en lui demandant, pire en l'obligeant à le faire. Au contraire, on n'obtient par ce moyen qu'un renforcement du ressentiment et de la bouderie. Il ne faut pas attendre de gérer la crise, mais mettre en place de nouvelles règles de communication lorsque tout va bien. Il faut lui faire accepter, à froid, une procédure qui établit l'expression franche de son opposition. Des stages sur l'entretien ou sur la réunion peuvent lui faire mesurer l'importance de participer aux débats, mais à condition qu'on ne lui impose pas d'y participer.

En Bref ─────────

Pour un boudeur, se renfermer, c'est manifester son mécontentement, et il est persuadé que ses interlocuteurs comprennent très bien ce qui l'a fâché alors que ceux-ci ne savent plus à quoi s'en tenir.

4. « *Ils* » nous harcèlent

La loi

Article L.122-49 : «Aucun salarié ne doit subir les agissements répétés de harcèlement moral qui ont pour objet ou pour effet une dégradation des conditions de travail susceptible de porter atteinte à ses droits et à sa dignité, d'altérer sa santé physique ou mentale ou de compromettre son avenir professionnel.

«Aucun salarié ne peut être sanctionné, licencié ou faire l'objet d'une mesure discriminatoire, directe ou indirecte, notamment en matière de rémunération, de formation, de reclassement, d'affectation, de qualification, de classification, de promotion professionnelle, de mutation ou de renouvellement de contrat pour avoir subi, ou refusé de subir, les agissements définis à l'alinéa précédent ou pour avoir témoigné de tels agissements ou les avoir relatés.»

Extrait de la loi n° 2002-73 du 17 janvier 2002 de modernisation sociale

Le harcèlement est un grave motif de mecontentement, mais il ne faut pas confondre harcèlement et relations tendues.

Il se peut que l'ambiance de votre lieu de travail soit pénible sans que rien ne soit dirigé spécialement contre vous. Il se peut aussi que votre responsable soit autoritaire sans être, pour autant, injuste ; il est légitime qu'on vous reproche vos retards ou le travail bâclé. Mais cela ne revient pas à dire que le harcèlement n'existe pas ; il en existe même de deux sortes : le harcèlement manifeste et volontaire, et le harcèlement insidieux et compulsif*.

4.1. Le harcèlement manifeste et volontaire

Il existe un harcèlement volontaire et manifeste destiné à pousser à la démission une personne qu'on n'a pas de raison légale de licencier.

Vous êtes un sujet à risque si vous êtes salarié protégé ; si vous avez été absent pendant une longue période ; si vous êtes l'un des salariés les mieux payés ; si vous allez atteindre l'âge de cinquante ans ou venez de le dépasser ou encore si un jeune diplômé en votre domaine vient d'intégrer l'entreprise.

Les agissements manifestes tendent à :

1. empêcher la personne de s'exprimer (exclue des réunions, des entretiens…) ;
2. l'isoler (exclue des groupes de travail, « *placard* », quarantaine…) ;
3. la déconsidérer auprès de ses collègues ;
4. la discréditer dans ses compétences et activités professionnelles (tâches inintéressantes au-dessous de ses compétences) ;
5. lui retirer ses outils de travail (données, ressources, budgets…) ;
6. porter atteinte à sa situation économique ;
7. porter atteinte à sa santé physique.

4.2. Le harcèlement insidieux et compulsif*

4.2.1 Le « *harceleur* » est un pervers narcissique

Le harcèlement moral n'a pas de sexe et s'exerce partout. Le « *harceleur* » ne détient pas forcément un pouvoir reconnu au départ. C'est le regard de sa victime qui le lui octroie. Il peut être un chef, un collègue, un subordonné ; un parent (géniteur) ou un enfant (progéniture) ; un conjoint (homme ou femme) ; un enseignant, un surveillant, un camarade de classe, un élève… Mais il est redoutable quand il détient effectivement un pouvoir officiel. À la maison, il est le *pater familias* (si cette autorité lui a été contestée, il a divorcé) ; au travail, on a d'autant plus de mal à le déjouer qu'il est le directeur, le responsable, le prof, le docteur, le juge, l'élu (politique ou syndical), le président de l'association… Toutefois, il peut être un sans-grade qui s'en prend à ses collègues ou à ses responsables. Il peut, par exemple, devenir le bras droit indispensable qui connaît tous les dossiers mais qui les classe de façon si inaccessible que rien ne peut être traité en son absence. Il peut être l'employé modèle devenu confident qui répand lui-même des bruits sur la nature de ses liens avec son responsable direct puis qui accuse ce dernier de harcèlement, s'explique mais récidive. Il peut être le mécanicien irréprochable qui règne sur les cadres en maîtrisant l'utilisation de leurs véhicules à travers révisions et pannes fictives.

Le « *harceleur* » moral compulsif n'est pas un méchant qui veut consciemment nous faire du mal. C'est un malade, un pervers narcissique. C'est-à-dire qu'il prend plaisir à saper l'amour-propre de ses victimes et à observer la souffrance morale, que ses manœuvres compulsives* (notamment des contradictions) provoquent chez elles. Cela le rassure quant à sa valeur propre (qu'il estime, lui, très grande), lui prouve qu'il a grandi puisque ce n'est plus lui qui est déstabilisé comme il a pu l'être dans son enfance. Il s'élève donc en écrasant ses victimes. Il passe, ce faisant, à côté du bonheur détruisant conjoint, enfant, amis, et il se plaint que ce sont ceux-là mêmes qui sont ingrats à son égard.

Son cercle relationnel est constitué de fraîche date. Cette récence est, bien sûr, proportionnelle à son âge, c'est-à-dire qu'à l'école, ses amis dateront de la dernière rentrée scolaire ; qu'à l'université, ils pourront dater du début des études et qu'à cinquante ans ils pourront avoir dix ans d'existence, guère plus. En effet, on le lâche quand on est fatigué d'essayer de le comprendre, quand on s'est rendu compte que son comportement est malsain. Mais il cherche à renouer car il n'admet pas ce rejet. Si on se laisse prendre, il est prêt à recommencer ses manœuvres antérieures. Toutefois, sa victime a du mal à le lâcher, non pas parce qu'elle est masochiste, mais parce que les manœuvres qu'elle subit exacerbent son engagement.

4.2.2   La victime idéale est probe, généreuse, tolérante et ingénue

Les psychologues improvisés que nous devenons tous par la faute des médias, ayant cru comprendre qu'en matière de psychologie l'explication est le contraire de ce qu'on aurait pensé, voient dans la victime un masochiste qui se complaît à souffrir, alors qu'il s'en plaint.

Il n'en est rien. C'est quelqu'un qui s'enlise dans ce rôle de victime parce qu'il a le sens du devoir : il tient ses promesses et le *« harceleur »* s'est appliqué à lui faire commettre les actes qui lient leurs intérêts. Il l'a, par exemple, envoyé parlementer à sa place, il lui a fait rechercher son droit, rédiger des lettres délicates ou toute autre action qui manifeste une prise de position sur laquelle il est de plus en plus difficile de revenir. Le summum étant l'association officielle voire le mariage.

De plus, la victime est d'un tempérament généreux, prête à rendre service, prête à faire évoluer les méchants par l'exemple de la bonté. Elle est tolérante, pardonne et donne une deuxième chance, puis une troisième, etc. Elle est surtout ingénue car elle ne peut pas imaginer que quelqu'un agisse autrement que sciemment ; elle croit que chacun dit toujours ce qu'il pense et fait ce qu'il dit dans le respect d'autrui.

Enfin, c'est souvent lors d'une période de faiblesse (changement de poste, d'entreprise, peine de cœur...) que le harcèlement marche le mieux parce que, dans un premier temps, le *« harceleur »* se pose en sauveur.

4.2.3   Le harcèlement commence par la séduction de la victime

Le *« harceleur »* use de séduction puis de contradiction sous-entendue, imperceptible à l'observateur. Il commence par asseoir une réputation de probité, de morale par son air supérieur et distant, par ses sentences sans répliques : *« Si on vient me dire un jour que j'ai fait une erreur, je démissionne aussitôt. »* Quel être admirable ! Il dit *« qu'on dit qu'il est »* et tout le monde retient *« qu'on dit qu'il est »*, sans réaliser que ce n'est que lui qui le dit, et, par la suite, chacun est persuadé *« qu'il est »*. Au besoin, il entreprend de participer à des actions humanitaires qui, *« oh ! manque de chance ! avortent »*. Il fait partie de nombreuses associations, de quoi occuper tous les soirs de la semaine, puis il fait tout pour en être élu président à la suite de quoi il ne s'occupe que de la plus valorisante au sein de laquelle il exerce son despotisme.

Cette réputation établie (il lui faut l'établir en permanence car tel le phénix il doit se reconstruire chaque fois qu'il a été démasqué ; peu importe, il change de groupe, il change d'«amis»), il cherche à séduire une ou plusieurs victimes, de préférence dans des sphères différentes pour que l'entourage ne se doute de rien. Il déclare à celle-ci qu'il lui trouve des qualités incomparables d'intelligence, d'amitié, de bon sens, de bon goût, de beauté... selon le cas, auprès desquelles il fait tâche, lui, misérable vermisseau (souvenons-nous que parallèlement il s'emploie à démontrer sa supériorité). Il montre de l'empressement, de la courtoisie, semble ne pouvoir respirer qu'en sa présence.

Aussitôt sa proie ferrée, il met en branle son harcèlement et, aux déclarations d'admiration, d'amitié, d'amour précédentes, s'entremêlent :

1 - Les reproches en filigrane

Des remarques anodines en apparence, des non-dits, des attitudes, des regards, laissent supposer un reproche. La victime cherche désespérément ce qu'elle a fait et doute de plus en plus d'elle-même. Les témoins, s'il s'en trouve, s'imaginent une faute lointaine et très grave que le *«harceleur»*, étant le seul à la connaître, tente charitablement de soustraire au public. Ces allusions sont vagues : *«vous êtes bizarre»* ; *«cessez ce comportement»* ; *«vous avez un drôle de caractère»* ou plus ciblées pour que les témoins envisagent la faute de la victime : *«je n'en parlerai pas...»*, la trahison *«je ne vous croyais pas comme ça...»*, le vol *«ne recommencez plus...»*, l'alcoolisme (dès la première gorgée : *«faites attention, voyons...»*) voire la folie *«c'est pas grave, ça va vous revenir, il vous faut du repos...»*.

2 - La mise en quarantaine

Alternativement, la victime est mise ostensiblement à l'écart et son *«harceleur»* lui parle par intermédiaire ou par écrit. La victime ne comprend pas ; elle a peur de cette interruption soudaine et inexpliquée du harcèlement habituel ; elle panique. Les témoins ont encore, là, une occasion de supputer quelque faute sans nom.

3 - L'irrespect

Le *«harceleur»* fait des allusions discrètes mais répétées (répétées devant la victime, comme si cela était un jeu qu'elle accepterait mais toujours devant de nouveaux témoins pour qu'ils ne sentent pas l'insistance) sur l'apparence, les habitudes de sa victime, sa famille, son milieu, ses croyances. Il lui parle avec mépris. Si on lui fait remarquer son manque de délicatesse : *«C'était une plaisanterie, il ne faut pas tout prendre à la lettre, vous n'avez pas le sens de l'humour.»* C'est vrai, pensent les témoins, *«il y a des personnes pour tout prendre de travers»*.

4 - La dévalorisation

Il ne dit rien ouvertement, il montre : en retirant le projet, en demandant à un tiers – de préférence moins titré – un contrôle supplémentaire, en constatant en termes volontairement mal couverts les erreurs, en émettant des notes de service qui demandent à l'ensemble du personnel un effort dans un domaine qui ne concerne que la victime…

5 - La quérulence

Le *«harceleur»* est procédurier, il retient tout sur ses victimes et n'hésite pas à recourir aux voies officielles : avertissements, procès, dénonciation auprès des services fiscaux ou d'un ordre professionnel en vue de provoquer un contrôle, recours au conseil de prud'hommes… il *«a des noms»* et constitue des dossiers. Et, puisqu'il utilise la voie légale, pourquoi les tiers ne le croiraient-ils pas ?

6 - L'absence de soutien

Ses paroles encouragent à certaines tâches, à certaines initiatives, alors que ses actes empêchent précisément ces actes et ces initiatives. S'il est chef, il aura officiellement délégué mais… sans moyens, et il s'en donnera par la suite à cœur joie de faire remarquer *«négligemment»* autour de lui l'incompétence de cette personne. Si c'est un associé, il vous a attiré dans cette association en vous glorifiant la qualité du travail commun et l'aboutissement de votre amitié alors qu'il s'arrange pour vous laisser tout le travail inintéressant. Les témoins le plaignent d'avoir le courage de supporter un tel incapable.

Si c'est un collègue, il vous envoie en première ligne pour demander, revendiquer, proposer, puis s'étonne de votre effronterie lorsque vous avez échoué : « *Mais aussi ! qu'est-ce qu'il t'a pris de faire ça !* »

7 - L'excès de contrôle

Le « *harceleur* » semble être, en réalité ou par intermédiaire, à chaque instant derrière sa victime. Les arrivées, les départs, les déplacements, les tâches de celle-ci sont minutés et contrôlés. Elle n'a l'initiative de rien, ce qui pourrait l'épanouir lui est refusé sauf… bien sûr quand cela arrange par ailleurs le « *harceleur* ». Les témoins ne peuvent qu'en déduire l'irresponsabilité de la victime et louer l'admirable assistante, par exemple, qui pallie si bien les erreurs de son supérieur hiérarchique.

8 - Les confidences aux tiers

Pour renforcer ces allusions, surtout lorsqu'il sent un tiers le mettre en question, il confiera à ce dernier ses prétendus problèmes dont les plus classiques sont : «Unetelle est nymphomane et le harcèle dès qu'ils sont seuls»; « *Untel est alcoolique* »; « *Tel autre est incompétent, il faut réparer ses erreurs en cachette pour sauver sa réputation* »; « *Son chef le harcèle en usant d'allusions, de dévalorisation, etc.* ». Cette dernière confidence est particulièrement pernicieuse car elle renverse complètement la situation la rendant inextricable à l'entourage et aux juges éventuels. Et le pire, c'est qu'il croit lui-même fermement à sa version; à ses yeux, ce n'est pas du mensonge et il se sent bel et bien accablé de malheurs.

9 - Le sauvetage

Si sa conduite était négative en permanence, il serait aisé de le rejeter, mais son ballet évolue au rythme de deux pas en avant, un pas en arrière. Dans le contretemps, il semble s'être rendu compte de la cruauté de sa conduite et vouloir réparer. « *Je sais, je ne suis pas doué pour exprimer mes sentiments, je m'y prends mal quand j'estime quelqu'un…* »; « *Tu as un ulcère à l'estomac ; c'est ma faute, avec tous les soucis que je te cause !* »; « *Oui, j'ai mauvais caractère, mais tu es mon élément modérateur ; je n'aurais jamais pu rien faire avec Tel autre* »… et le filet est retendu.

4.2.4 Le mal provoqué est gravissime et irrémédiable

N'importe quelle personne normale peut tomber dans ses filets. Ce n'est bien souvent qu'après une longue période de remise en cause d'elle-même que la victime d'un harcèlement prend conscience de l'anormalité du comportement de la personne qui la torture. Et c'est après une bien plus longue période encore (qui peut se compter en années !) qu'elle arrive à faire admettre à autrui qu'elle n'est pas fautive, mais victime. En effet, le discours et le comportement auront été si ambigus que les tiers ne sauront pas dire où est la faute si encore ils ne sont pas persuadés que le *« harceleur »* est la victime. Au mieux se diront-ils qu'un conflit vient de poindre, ce qui est normal dans toute cohabitation. Que de mal a déjà fait la *« neutralité bienveillante »* des personnes auxquelles se confie la victime ! Celle-ci peut sombrer dans une profonde dépression accompagnée d'angoisses, de cauchemars, d'aboulie ; elle peut même, son système de valeurs étant tout chamboulé et ne trouvant pas d'issue à son martyre, se suicider. Le *« harceleur »* a alors beau jeu de voir mises au jour les preuves des problèmes que lui causait cette personne quand il ne déclare pas être lui aussi dépressif pour l'avoir supportée si longtemps.

Ce n'est qu'après de multiples recoupements, lorsque d'autres victimes se déclarent, que l'entourage cesse de vouloir réconcilier les protagonistes et commence à soutenir la victime. Mais il est, bien souvent, trop tard pour elle et elle en gardera des lésions irréparables : anxiété latente, manque de confiance en autrui et reploiement sur soi-même, blocages (impossibilité d'accomplir, sinon au prix d'une lutte interne avec soi-même, des actions, simples mais sur lesquelles a porté le harcèlement, comme prendre un contact par téléphone, prendre une décision d'achat, prendre une initiative d'organisation, accomplir un travail manuel dans ses compétences…) ; bien souvent, lorsqu'on ne l'a pas aidé à temps, la victime ne fait que survivre alors que le *« harceleur »* continue son manège.

---- **En Bref** ----------
Il existe, d'une part, un harcèlement manifeste et volontaire qui tend à provoquer la démission ou la faute d'un gêneur contre qui on n'a aucune prise authentique.
D'autre part, il existe un harcèlement insidieux et compulsif, exercé par un malade. Ce dernier est très difficile à comprendre et à prouver.

5. «Ils» déforment tout!

« Faute de bois, le feu s'éteint ; et quand il n'y a point de rapporteur, la querelle s'apaise.»
ECCLÉSIASTE, 10,4

Les informations sur vous, déformées ou tout simplement indiscrètes, que diffusent les collègues plus ou moins malveillants, de même que les informations inexactes voire diffamatoires ou tout simplement prématurées qui peuvent circuler sur l'entreprise, ont toutes les raisons de vous faire râler ou de mécontenter les dirigeants de l'entreprise. Mais notre mécontentement peut aussi venir d'une information déplaisante (licenciements, restructuration, délocalisation…) qui se révèle n'être qu'une rumeur, plus tard, après beaucoup de remue-ménage.

La rumeur est une information non officielle, non vérifiée, destinée à être crue et diffusée en chaîne.

Elle naît, circule, s'amplifie tant qu'elle trouve des auditeurs qui se sentent concernés, atteint un paroxysme, éclate et sombre. Appelée parfois *« téléphone arabe »*, la rumeur est le plus ancien des médias. Parfois, en circulant, elle s'éloigne de la vérité, mais dans certains cas, étonnamment, le message est scrupuleusement respecté.

L'ennui avec la rumeur, c'est qu'elle peut se vérifier dans l'avenir (être ou devenir vraie), ne reposer manifestement sur aucun fondement ou être totalement invérifiable, de même que peut être invérifiable l'information donnée en démenti.

Si la rumeur nous gêne, c'est précisément parce qu'elle peut se révéler exacte : quelque chose qu'on voulait cacher est connu.

La rumeur nous arrive par un proche *« de confiance »* qui dit la tenir de *« source sûre »* voire du témoin lui-même. Il ne ment pas, mais a tellement cru, lui-même, celui qui lui a transmis la nouvelle que l'omission des étapes de transmission ne lui semble pas si grave en regard de la valeur que son oubli octroie à l'information. On accorde à ce témoin la même foi qu'on accorde aux journalistes qui publient ou parlent à la télé, comme si toutes les publications passaient un contrôle de véracité et étaient sous garantie.

On suppose donc que le messager a vérifié ce qu'il dit.

La rumeur naît lorsque la confiance est inexistante, et l'information officielle absente.

Elle est favorisée par le désœuvrement dans lequel se trouvent les personnes susceptibles de la diffuser. Les dictateurs l'ont compris depuis longtemps et s'appliquent à occuper le peuple qu'ils gouvernent à une foule de tracasseries.

La rumeur est souvent la plus satisfaisante des explications d'un événement qui n'a pas été officiellement expliqué.

Le quotidien n'excite pas, alors que l'exceptionnel et le mystérieux oui. C'est ainsi que sont régulièrement remises en questions des informations considérées comme acquises (n'avez-vous pas entendu dire que le 11 septembre 2001 aucun avion ne s'était écrasé aux États-Unis ?).

La rumeur naît parfois d'une indiscrétion.

Une conversation a été entendue, un document traînait sur un bureau, un technicien était venu réparer ; le conjoint répète une information dont il ne se doute pas de la confidentialité puisqu'elle a été évoquée devant lui… C'est pourquoi la fausse *« fuite »* est aussi un bon moyen de faire volontairement courir un bruit, pour nuire ou pour en couvrir un autre plus gênant…

La rumeur peut naître également de rien.

Certaines choses sont a priori rejetées ; on les accuse alors de tous les maux : *«La lumière électrique rendra aveugle les générations futures»* ; *«En dépassant les 5 km/h avec les automobiles, notre cerveau sera comprimé»*... En outre, faire courir une rumeur accusatrice d'une horreur à la mode transforme le vecteur de l'information en justicier, ce qu'ont cru être les délateurs au cours des siècles : *«Ma voisine est une sorcière!»*, *«Mon beau-père est hérétique!»*, et comme croient l'être ce qui accusent de pédophilie le maître d'école, d'escroquerie le commerçant du coin, de malversation le comptable, d'alcoolisme le chef, de racisme le collègue, etc.

C'est la rumeur qu'il faut gérer pour prévenir le mécontentement qui en découle.

En Bref

La rumeur naît lorsque l'information officielle est insuffisante ou lorsque quelqu'un veut nuire intentionnellement. Qu'elle soit avérée ou pas, elle cause des dégâts et est très difficile à démentir.

6. *«Ils»* sont jaloux

> *«La jalousie est comme un acide*
> *qui attaque d'abord le cœur du jaloux*
> *pour atteindre ensuite celui qu'il jalouse.»*
> Oslad ELAHI

Quel motif de mécontentement que le collègue jaloux qui tente de voler vos lauriers ou de vous mettre les bâtons dans les roues dans le projet que vous gérez ! Il s'attribue vos succès, il répand des bruits sur vous, il diffuse de fausses consignes logistiques mais il *«oublie»* de diffuser les mémos, voire, les détourne... sans compter toutes les remarques désobligeantes et hargneuses qu'il vous adresse directement.

Le jaloux agit ainsi parce qu'il désire être le seul objet de prospérité pour l'entreprise, l'unique employé apprécié du patron, la seule raison qui fait que le client achète... Il dit que ses scènes et ses manigances sont les preuves de son fervent dévouement à l'entreprise. Parfois, certains le croient, tout comme ils croient que les conjoints jaloux le sont de trop aimer. En fait, les agissements d'un jaloux ne font que prouver son égoïsme. Et un jaloux est jaloux en permanence, même s'il n'en a conscience qu'à certaines occasions.

Mais peut-être votre mécontentement vient-il de ce que vous ressentez, vous-même, de la jalousie lorsqu'un collègue reçoit un compliment que vous auriez aimé recevoir ? Vous savez alors très bien que, même si vous en recevez également un, cela ne vous console pas puisque vous voudriez être «celui qui reçoit les compliments»; le «préféré», une espèce de premier de la classe que les profs chouchoutent sans partage.

La jalousie n'est pas une émotion confortable; c'est une morsure au cœur pour une raison souvent non identifiée. En effet, la plupart des jaloux souffrent sans pouvoir dire avec précision pourquoi.

En fait, le jaloux est triste de ce qu'il arrive de bien à autrui; non pas de la chose que celui-ci obtient mais de ce qu'il devient en possédant cette chose-là précisément.

Il croit qu'en obtenant cette même chose, il accédera au bonheur que manifeste celui qui la détient et il n'admet pas que quelqu'un d'autre puisse avoir du bonheur hors de lui. Souvent même, il se met à désirer quelque chose qui ne le motivait pas avant qu'il ait connaissance que cela procurait du plaisir à quelqu'un. Et s'il lui arrive d'aider quelqu'un c'est qu'il est sûr que le dénuement de celui-ci est suffisant pour n'attirer aucune parcelle d'estime. En somme, le jaloux ne conçoit pas de partager et, de ce fait, nie l'égalité entre les personnes.

La cause de la jalousie est à chercher dans le manque d'attention maternel pendant l'enfance du jaloux, dans le rejet voire l'abandon de sa mère. L'enfant est devenu jaloux parce que sa mère le laissait pour sortir ou pour s'épanouir dans sa carrière ou encore par principe. La jalousie est une angoisse de séparation d'avec les parents. C'est une blessure inconsciente. Elle devient grave quand le jaloux entretien consciemment sa jalousie en y trouvant des raisons légitimes (rationalisation*) : «Je suis le plus ancien»;

«Je suis le plus performant»; *«Je suis le plus appliqué»*; *«Je suis le seul à être dévoué»…*

Gérer un jaloux, ce n'est pas lui donner ce qu'il demande, c'est le rassurer : oui, il a des qualités ; oui, il est apprécié… mais il n'en détient pas l'exclusivité. Le jaloux, quant à lui, doit s'entraîner à s'estimer par et pour soi-même et se réjouir du bien de l'autre.

En Bref

Le jaloux est jaloux, non pas occasionnellement, mais en permanence. Il vit dans l'objectif d'être le seul à ressentir du bonheur. Ce n'est donc pas les possessions des autres qu'il voudrait se procurer, mais, à travers celles-ci, le bonheur qu'elles apportent à leur détenteur.

7. *« Ils »* sont bordéliques

> «Au fond, est-ce que ranger ça ne revient pas un peu
> à foutre le bordel dans son désordre ?»
> Philippe GELUCK

Les collègues qui ne rangent rien, qui laissent tout traîner après leur passage : portes béantes, dossiers ouverts, tiroirs tirés, feuilles éparpillées, gobelets à café vides abandonnés au milieu de petits cercles poisseux… exaspèrent leurs collègues qui se sentent pris pour des larbins. Mais on peut se demander quand travaille efficacement celui dont le bureau est toujours irréprochable : dossiers dans les classeurs, stylos dans le tiroir, feuilles de papier bien empilées, documents jamais annotés… Et on peut pousser jusqu'à se demander combien de collaborateurs sont freinés dans leur travail par les exigences de tatillons qui privilégient la façon de faire au résultat.

Selon Freud, ordre ou désordre ont exactement la même signification : ils sont révélateurs d'une mauvaise intégration de l'apprentissage de la propreté. C'est-à-dire que le sujet, qu'il soit *«maniaque»* ou *«bordélique»*, n'a pas évolué dans ce domaine depuis sa petite enfance, quand ses parents tentaient de lui inculquer la propreté. Il réagit de la même façon que lorsqu'il était en conflit avec eux, par des attitudes extrêmement soumises ou catégoriquement opposées. En effet, le petit enfant n'a pas de répulsion pour le désordre ni la saleté, y compris ses excréments avec lesquels il joue volontiers. C'est l'éducation qui transforme l'attirance en répulsion et développe des comportements qui sont des réactions plus ou moins poussées à la tendance naturelle qui est plus ou moins forte.

De l'éducation à la propreté, il résulte couramment, « normalement », un adulte qui a accepté d'avoir un minimum d'hygiène, d'ordre et d'organisation. Une éducation excessivement rigoureuse ou trop laxiste engendre l'excès d'ordre ou de désordre dans les deux cas. En effet, les réactions à la rigueur peuvent être dans le sens de l'excès ou opposées à l'excès. Élevé par des parents très ordonnés un enfant sera très ordonné... à moins qu'il se révolte et adopte précisément le comportement extrême contraire. Élevé par des parents laxistes, cet enfant peut devenir un gros porc tout comme il peut réagir vigoureusement et devenir un maniaque.

Une éducation excessive à la propreté engendre donc des obsessionnels qu'on appelle « maniaques » en langage courant. Selon Freud, les « maniaques » sont en lutte intérieure permanente contre leurs très fortes tendances naturelles à la saleté et au désordre. Leur comportement compulsif* de nettoyage et de rangement est un rituel par lequel ils tentent de se rassurer. Aussi ne peuvent-ils résister au besoin de faire place nette sur le bureau tous les quarts d'heure pour ressortir aussitôt après les mêmes instruments de travail afin de poursuivre leur tâche interrompue.

Le très « bordélique », inversement, est resté au stade de l'enfant sans contraintes, qui les ignore ou qui les refuse. Vos collègues « bordéliques » agissent donc sous l'emprise d'une pulsion interne qui les paralyse devant le rangement à moins que, tout simplement, ils ne voient pas l'utilité de mettre dans un tiroir ce qu'il leur faudra ressortir une heure plus tard. Tout être normalement ordonné est un « maniaque » pour le « bordélique », et un « bordélique » pour le « maniaque ». Il n'y a pas grand-chose à faire de l'extérieur sinon favoriser la remise en question des uns et des autres afin qu'ils trouvent un terrain d'entente. Une formation en communication peut démarrer le processus de compréhension mutuelle. Mais les stages d'organisation ne font que donner des méthodes à ceux qui voudront bien les appliquer.

> **En effet, en général les ordonnés restent ordonnés et les bordéliques «*bordéliques*». C'est leurs résultats qu'il faut apprécier au bout du compte plutôt que leur comportement au jour le jour.**

── En Bref ──────

Une éducation à la propreté, trop stricte ou trop laxiste, est à l'origine des comportements *«maniaques»* ou *«bordéliques»*. Rigueur ou laxisme engendrent, en effet, soit soumission aux injonctions, soit formation réactionnelle* à celles-ci.

8. *« Ils »* nous motivent pas

> «Les aptitudes sont ce que vous pouvez faire,
> la motivation détermine ce que vous faites.»
> Lou HOLTZ

On ne peut être que mécontent d'être entouré de collaborateurs démotivés car cela entraîne une baisse de rendement, une baisse de vigilance, une baisse de persévérance et une mauvaise ambiance. Mais les collaborateurs démotivés sont, eux aussi, mécontents. Cependant, alors que *«motiver»* signifie *«donner des raisons d'accomplir»*, sous le terme «motivation», la plupart des salariés font allusion exclusivement à leur salaire, et *«ne pas être motivé»* avec la variante *«ne pas être reconnu»* signifie ne pas être suffisamment payé à son goût. Ce problème peut sembler insoluble lorsque l'entreprise n'est pas disposée à augmenter les salaires.

Or, selon la théorie des besoins[1], la motivation est la recherche de l'assouvissement de besoins, frustes au début, plus coûteux par la suite. Un individu, au début de sa vie, se contente de manger, boire, dormir et d'un peu d'affection. Par la suite, il sera attentif au confort et à la sécurité puis voudra posséder les mêmes objets, les mêmes honneurs que ses proches, pour enfin vouloir en posséder qui soient supérieurs aux leurs.

Le moteur persistant étant, pour chacun d'entre nous, l'approbation des personnes que nous avons placées au-dessus du lot.

Celui qui dépasse ces stades, quant à lui, saura se contenter de ce qui lui suffit pour se réaliser. Ce schéma est applicable à l'évolution d'une société tout entière, de ses balbutiements à son apogée ; il peut aussi trouver son illustration à travers une carrière professionnelle.

En effet, nous sommes prêts à tout accepter lorsque nous trouvons enfin notre premier emploi, puis nous nous rendons compte que les autres sont plus payés, ont des avantages supérieurs et sont plus considérés ; nous n'avons donc de cesse que de les égaler, puis de les dépasser. Celui qui progresse dans l'activité qui le passionne, mettant l'aspect rémunérateur au second plan, sort de ce circuit.

Selon Maslow, donc, en dehors de ce dernier cas, dès qu'un besoin est assouvi, un autre vient le remplacer ; il n'y a jamais de cesse, nous ne sommes jamais satisfaits.

Par ailleurs, selon la théorie du champ[2], on est insatisfait quand on n'obtient pas une chose qu'on s'attend à avoir. Mais on n'est pas plus satisfait lorsqu'on a exactement ce qu'on s'attend à avoir.

C'est le « *plus* » qui nous motive.

Ainsi n'y a-t-il rien d'étonnant à ce que nous revendiquions sans cesse. La prime nous motive le premier mois où nous la recevons. Si elle ne se répète pas, nous sommes insatisfaits, mais si elle se répète, nous ne sommes pas satisfaits pour autant, car nous sommes alors en

---

1. Drive theory, MASLOW, 1954 ; RATHS, 1965.
2. Field theory, HERTZBERG, 1967.

attente d'un nouveau «*plus*», comme les enfants le sont d'un cornet surprise.

> **De plus, ce qui est donné à l'initiative de celui qui détient le pouvoir sans que le bénéficiaire l'ait demandé a beaucoup moins de valeur que ce qui est obtenu après une démarche volontaire.**

Ces «*plus*» n'ont pas besoin d'être financiers, une attention peut faire l'affaire, comme la prise en compte d'avis, la participation, la confiance, la mission exceptionnelle, la charge d'un projet, la publication d'une étude, la perspective d'évolution, des avantages pour la retraite, une assurance supplémentaire, la possibilité de retransmettre son savoir... Ils sont inutiles à celui qui se réalise à travers son travail, sa progression dans la compétence lui suffit.

En outre, selon la théorie de l'accomplissement[1], l'individu est toujours à la recherche du succès, mais il craint l'échec. Avant de s'impliquer, il veut donc connaître ses probabilités de réussite. Mais, après un succès, il développera de l'enthousiasme pour l'action qu'il aura réussie et sera disposé à la reproduire. Par conséquent, personne ne se motive jamais sans s'être demandé :

1. Est-ce que j'en suis capable et est-ce que je peux atteindre le résultat escompté ?

2. Qu'est-ce que ça me rapportera (au moins l'absence de reproche) ?

3. Est-ce que ça vaut le coup ?

Questions que devraient se poser de nombreux responsables qui déversent sur leurs subordonnés du travail à la limite de leurs compétences sans que cela ne leur procure aucun avantage personnel.

---

1. Achievement theory, PORTER, 1968 ; LAWLER, 1967.

En Bref ─────────

Sans motivation, la vigilance, l'activité, la persévérance, la tolérance, baissent. Motiver, c'est essentiellement :
1. faire confiance ;
2. valoriser le travail :
   a. expliquer son importance dans la réalisation finale ;
   b. laisser un temps de réflexion à celui à qui on le propose ;
3. créer l'intérêt :
   a. expliquer l'adaptation de ce travail aux compétences de la personne ;
   b. y associer un « *plus* » qui ait une valeur pour cette personne là ;
4. aider à réussir :
   a. octroyer des moyens adaptés ;
   b. conseiller, épauler sans « *fliquer* ».

9. « *Ils* » sont racistes

> « *Nous sommes tous pareils ; acceptons nos différences !* »
> Bruno SALOMONE

Le mécontentement qui se cache derrière cette expression vient du sentiment d'être rejeté, disqualifié, à cause de son aspect physique ou de son appartenance à une ethnie. Certains se plaignent d'avoir vu leur candidature à des emplois éliminée *a priori* jusqu'à ce qu'ils remplacent leur prénom par un prénom usuel local ; d'autres sont persuadés de ne jamais obtenir de poste à responsabilité qui soit à la hauteur de leur qualification, à cause, exclusivement de leur origine ethnique ; d'autres encore s'estiment tenus à l'écart par leur collègues pour cette même raison. Une telle discrimination existe, certes ; elle résulte de la généralisation d'un comportement indésirable à toutes les personnes qui présentent l'apparence de ceux chez qui on a constaté en majorité ce comportement indésirable. Toutefois, le terme de « *racisme* » n'est pas approprié au phénomène décrit précédemment, « *xénophobie* » conviendrait mieux.

Cependant, reconnaître la conjonction de caractéristiques physiques à un groupe humain qu'un autre groupe ne réunit pas n'est pas du racisme. Il faut bien admettre que certains d'entre nous se ressemblent autant que peuvent se ressembler un terre-neuve et un lévrier qui appartiennent, cependant, tous deux à l'espèce canine. Ce qui est du racisme, c'est prétendre que ces caractéristiques physiques sont indissociables de facultés intellectuelles et morales, et que, par conséquent, un groupe peut être supérieur à un autre. Quoi qu'il en soit, des lois ont été promulguées pour empêcher une telle discrimination au sein de l'entreprise :

Le code du travail

Art. L.122-45 du code du travail :

«Aucune personne ne peut être écartée d'une procédure de recrutement ou de l'accès à un stage ou à une période de formation en entreprise, aucun salarié ne peut être sanctionné, licencié ou faire l'objet d'une mesure discriminatoire, directe ou indirecte, notamment en matière de rémunération, de formation, de reclassement, d'affectation, de qualification, de classification, de promotion professionnelle, de mutation ou de renouvellement de contrat en raison de son origine, de son sexe, de ses mœurs, de son orientation sexuelle, de son âge, de sa situation de famille, de ses caractéristiques génétiques, de son appartenance ou de sa non-appartenance, vraie ou supposée, à une ethnie, une nation ou une race, de ses opinions politiques, de ses activités syndicales ou mutualistes, de ses convictions religieuses, de son apparence physique, de son patronyme ou, sauf inaptitude constatée par le médecin du travail dans le cadre du titre IV du livre II du présent code, en raison de son état de santé ou de son handicap.

«Aucun salarié ne peut être sanctionné, licencié ou faire l'objet d'une mesure discriminatoire visée à l'alinéa précédent en raison de l'exercice normal du droit de grève

«Aucun salarié ne peut être sanctionné, licencié ou faire l'objet d'une mesure discriminatoire pour avoir témoigné des agissements définis aux alinéas précédents ou pour les avoir relatés.

«En cas de litige relatif à l'application des alinéas précédents, le salarié concerné ou le candidat à un recrutement, à un stage ou à une période de formation en entreprise présente des éléments de fait laissant supposer l'existence d'une discrimination directe ou indirecte. Au vu de ces éléments, il incombe à la partie défenderesse de prouver que sa décision est justifiée par des éléments objectifs étrangers à toute discrimination. Le juge forme sa conviction après avoir ordonné, en cas de besoin, toutes les mesures d'instruction qu'il estime utiles.

«Toute disposition ou tout acte contraire à l'égard d'un salarié est nul de plein droit.»

Le code du travail

Art. L.123-1 du code du travail :

«Sous réserve des dispositions particulières du présent code et sauf si l'appartenance à l'un ou l'autre sexe est la condition déterminante de l'exercice d'un emploi ou d'une activité professionnelle, nul ne peut :

a) Mentionner ou faire mentionner dans une offre d'emploi, quels que soient les caractères du contrat de travail envisagé, ou dans toute autre forme de publicité relative à une embauche, le sexe ou la situation de famille du candidat recherché ;

b) Refuser d'embaucher une personne, prononcer une mutation, résilier ou refuser de renouveler le contrat de travail d'un salarié en considération du sexe ou de la situation de famille ou sur la base de critères de choix différents selon le sexe ou la situation de famille ;

c) Prendre en considération du sexe toute mesure, notamment en matière de rémunération, de formation, d'affectation, de qualification, de classification, de promotion professionnelle ou de mutation.

«En cas de litige relatif à l'application du présent article, le salarié concerné ou le candidat à un recrutement présente des éléments de fait laissant supposer l'existence d'une discrimination, directe ou indirecte, fondée sur le sexe ou la situation de famille. Au vu de ces éléments, il incombe à la partie défenderesse de prouver que sa décision est justifiée par des éléments objectifs étrangers à toute discrimination. Le juge forme sa conviction après avoir ordonné, en cas de besoin, toutes les mesures d'instruction qu'il estime utiles.

«Un décret en Conseil d'État détermine, après avis des organisations d'employeurs et de salariés les plus représentatives au niveau national, la liste des emplois et des activités professionnelles pour l'exercice desquels l'appartenance à l'un ou l'autre sexe constitue la condition déterminante. Cette liste est révisée périodiquement dans les mêmes formes. »

De nombreux conflits, qualifiés actuellement de *«racistes»*, **ne sont, bien souvent, que des conflits culturels entre personnes qui n'ont, réciproquement, pas fait l'effort de comprendre le mode de vie de l'autre et d'en tenir compte.**

Ils sont à rapprocher des conflits de voisinages que se plaisent à nous montrer certaines chaînes de télévision et qui mettent en scène des voisins de même ethnie qui s'insultent ou ne se parlent plus, allant jusqu'à élever un mur entre leurs propriétés. Mais lorsqu'un conflit de cet ordre-là a pour protagonistes des personnes issues d'ethnies différentes, il est aussitôt abusivement qualifié de raciste et mobilise tous les bien-pensants contemporains qui croient résoudre le racisme par la négation des différences tout en prônant, par ailleurs et sans souci des contradictions, le droit à la différence.

Ceux-ci, comme tous ceux qui s'évertuent à étouffer les conflits sans entendre jusqu'au bout les explications de tous les protagonistes, ne font qu'envenimer la discorde.

Il n'est pas besoin d'avoir la peau de couleur différente ou d'être originaire d'un pays lointain pour être soupçonné de saleté, de négligence, de laxisme, de grossièreté et d'incompétence ou, inversement, d'orgueil, de suffisance, de rigidité, d'intolérance et de stupidité ; une pointe d'accent suffit pour réveiller le bon vieux stéréotype* nord/sud qui existe dans tous les pays. De plus, lorsque nous rencontrons un échec, nous incriminons toujours le défaut que nous nous reprochons (mais qui n'intéresse pas forcément nos interlocuteurs). Par exemple, les personnes entre 45 et 50 ans attribuent à un préjugé sur leur âge tout refus qui leur est adressé ; les personnes dépassant le poids moyen autorisé actuellement par la mode l'attribuent à leurs kilos en trop et il en est de même pour les personnes ayant un défaut d'élocution. Ne parlons pas des femmes, qui ont encore moins de chance d'être prises au sérieux depuis que la loi permet de soupçonner qu'elles occupent des responsabilités dans la politique grâce à la recherche de la parité plus qu'à leurs compétences. Par chance, la loi française n'est pas allée jusqu'à imposer des quotas aux entreprises pour étendre cette suspicion au milieu professionnel et à toutes les catégories humaines représentées par un groupe de pression.

Plutôt, donc, que nier une différence d'apparence qui existe, plutôt que nier le comportement inadapté de certains individus de notre propre groupe d'appartenance*, luttons contre l'effet de halo*, c'est-à-dire la mauvaise habitude de faire correspondre l'apparence à toute une série de données dont le comportement inadapté et la différence de compétence.

Cela n'est possible qu'en convainquant ceux qui pensent ainsi, de ce que toutes les personnes ayant telle caractéristique physique ou culturelle commune ne sont pas des clones dont on peut prévoir le comportement. Faire réellement régresser le *« racisme »*, c'est obtenir ce qui s'est passé lors des immigrations anciennes (la plupart des Français ont une origine étrangère plus ou moins lointaine), c'est forcer les autochtones à ne voir que des individus. Et cela n'est possible que si l'intéressé lui-même ne rend pas prioritaire son appartenance par rapport à ses compétences et à son jugement.

Forcez-vous donc à penser que votre candidature n'a pas été écartée à cause de votre nom ou de votre lieu de naissance ou de votre photo, mais à cause d'une compétence attendue que vous n'aviez pas ou d'une maladresse que vous avez commise dans la constitution de votre C.V. ou dans la rédaction de votre lettre de motivation. Pensez à ce qui ne va pas chez vous au lieu de dire : *« C'est parce qu'ils nous aiment pas, nous, les Burlandais ! »*

Cherchez ailleurs les raisons pour lesquelles on ne vous respecte pas en tant que responsable d'une équipe. Votre comportement est-il celui qu'attendent vos subordonnés de la part d'un responsable ? Avez-vous lu des livres sur le management ? Avez-vous suivi une formation ? On croit souvent que les relations humaines ne se théorisent pas, que l'encadrement d'un groupe est une compétence innée, mais tout le monde commet des erreurs, l'apprentissage de quelques théories sur les comportements permet de les limiter.

Ne laissez pas de prise aux allusions «racistes» et surtout cessez de voir des allusions partout. Que d'Auvergnats se sont fait traiter d'avares, que de Corses se sont fait traiter de paresseux, que de Normands se sont fait traiter d'indécis et ne se sont pas arrêtés sur ces remarques stupides. Ne favorisez pas votre propre «mise en boîte» en revendiquant – agressivement, peut-être – vos particularités, en reprochant à vos collègues ce qu'ils n'ont pas encore dit, pas encore fait. Ne leur donnez pas le plaisir d'enrager à leurs taquineries, c'est ce qu'ils recherchent. Montrez que vos origines ne sont pas un problème pour vous en restant indifférent voire en renchérissant, par exemple, sur leurs allusions :

— Vous, les Burlandais, vous êtes tous fainéants !

— Et même qu'on n'a pas la force de bailler !

En Bref

C'est de la xénophobie ou des problèmes de voisinage que nous rencontrons, plus que du racisme. Si les lois aident à limiter les abus, c'est surtout un travail sur soi-même qui permet de ne plus rentrer dans le jeu du persécuteur et de la victime ; un travail qui vise à se considérer plus comme un individu que comme le membre d'un groupe, sans pour autant renier sa culture.

Deuxième partie

●

« *Ils* » n'agissent pas « *exprès* » pour nous faire râler

3

●

C'est notre inconscient qui dirige la plupart de nos actes

Le motif de notre grogne n'est pas toujours explicite et relève de l'émotion. C'est-à-dire que le mécontentement est un message de notre inconscient, consécutif à l'insatisfaction d'une de nos valeurs. Quelque chose est dit, quelque chose est fait, et nous nous sentons *« contrariés »*, *« chagrinés »*, *« agacés »*, *« fâchés »*, *« irrités »*, *« dérangés »*, *« embêtés »*, *« consternés »*, *« tourmentés »*, *« indignés »*, *« piqués au vif »*, *« outrés »* sans que notre conscience sache exactement pourquoi et sans que ce soit, donc, le résultat d'un calcul.

Le mécontentement est donc une émotion, désagréable, certes, mais ce n'est pas une mauvaise émotion. Il n'y a d'ailleurs pas de bonnes ou de mauvaises émotions car il est indispensable de ressentir et d'exprimer les émotions qui nous sont agréables comme celles qui nous sont désagréables. Les étouffer conduit au malaise, aux actions inopportunes et prépare une explosion qui fera d'autant plus de dégâts que personne ne s'y attendra ; dégâts sur l'entourage, dégâts sur le mécontent lui-même et remise en question imminente de l'ordre établi qu'il a jusque-là accepté à contrecœur et qui a eu tout le temps de se développer dans le sens qu'il ose enfin désavouer.

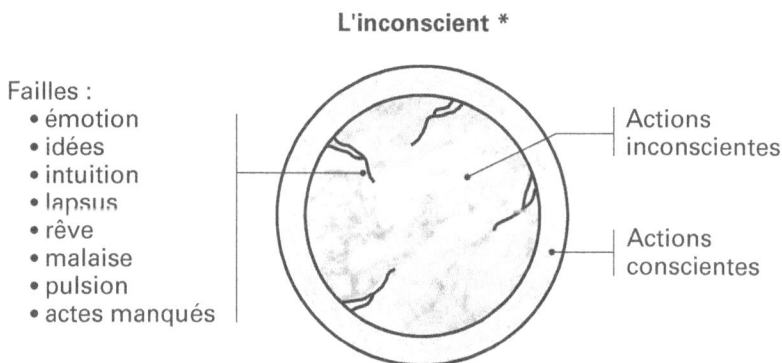

L'inconscient *

Failles :
- émotion
- idées
- intuition
- lapsus
- rêve
- malaise
- pulsion
- actes manqués

Actions inconscientes

Actions conscientes

Schéma 11 : Nos actions conscientes ne représentent qu'une maigre frange autour de la masse de nos actions inconscientes dont nous ignorons, nous-mêmes, les motivations. Notre inconscient peut cependant être exploré par les failles que représentent les rêves (leur objet, l'émotion qu'ils ont provoquée...), les lapsus* parlés ou écrits (la nature de la déformation et l'amplitude de ses éventuelles conséquences), les émotions (leur ampleur, leur nature, leur disproportion avec la réalité de la situation...), les malaises indéfinis, angoisses, passages à vide sans objet apparent, les pulsions qui nous poussent à des actes qui ne sont pas raisonnables...

Parce que, s'il n'y a pas de mauvaises émotions, ce qui peut être mauvais, c'est le comportement inapproprié que nous leur donnons en réponse, notamment la bouderie, la colère, l'insulte, la vengeance, le complot quand on ne va pas jusqu'à la violence physique voire au meurtre. Car, malheureusement, lorsque nos valeurs ne sont pas satisfaites, nous faisons tout notre possible pour tenter de les satisfaire et les voies que nous empruntons nous font agir mécaniquement, nous enferrent dans un comportement réflexe qui est tout le contraire de la liberté d'action.

Or, si l'on prend le temps d'analyser la situation, on se rend compte que notre mécontentement est né de la profanation d'une de nos valeurs. C'est-à-dire que, selon nos propres critères d'évaluation – qui, rappelons-le, ne sont pas universels –, une personne a mal agi ; elle n'a pas eu l'attitude qu'on se sentait en droit d'espérer d'elle à cette occasion là. Elle ne nous a pas donné quelque chose ; elle n'a pas jugé comme on l'aurait fait ; elle nous a reproché ce qu'on croyait juste ; elle a rejeté notre proposition ; elle nous a imposé quelque chose d'ennuyeux, de fatigant ; elle a désobéi ; elle s'est révoltée…

Cet *« autre »* a, cependant, ses raisons d'agir ainsi, puisqu'il ne voit pas les choses sous le même angle que moi et n'a pas le même système de valeurs pour juger. Ainsi, ce qui me choque au plus haut degré ne le choquera pas ou très peu ; ce qui me semble légitime pourra lui sembler anormal voire monstrueux ; un événement scandaleux à mes yeux pourra lui paraître indifférent ou souhaitable… Il existe, par exemple, plusieurs façons de traduire : *« Il faut partager équitablement. »* Pour certains, ce sera donner à chacun selon son besoin, pour d'autres ce sera donner la même chose à tous et pour d'autres encore s'attribuer la meilleure part. Ce qui est *« équitable »*, ce qui est *« juste »* n'est pas universellement établi. Ça l'est toujours en fonction de l'appréciation de quelqu'un. L'autre a, effectivement, le droit de ne pas avoir le même système de valeurs que moi, parce qu'il s'est construit différemment, mais cela ne doit pas empêcher la discussion. Le débat est, en effet, une réaction nettement moins stérile que bouderie, colère ou insulte.

**La construction
de la personnalité**

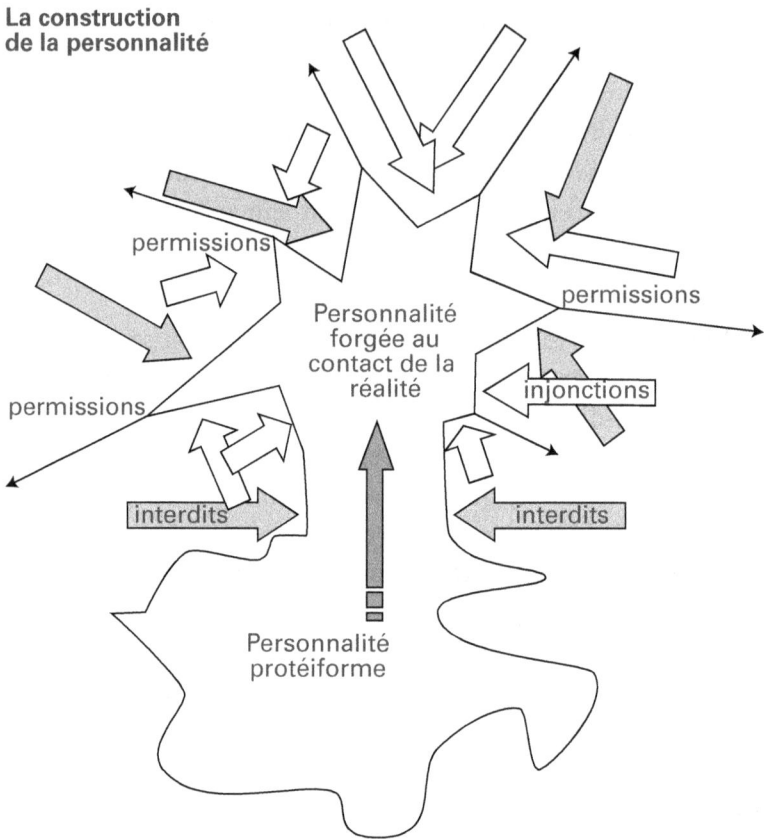

Schéma 12 : Qui que nous soyons, notre personnalité première est façonnée à coups d'interdits, d'injonctions et de permissions que nous imposent ou nous octroyent d'abord nos parents – ou les personnes qui en tiennent lieu – puis après eux la vie avec ses expériences, ses rencontres, ses bonheurs et ses malheurs. À une même éducation, deux personnalités de base différentes ne réagiront pas de la même façon et n'en garderont pas le même souvenir. Une personnalité n'est donc pas seulement innée et elle n'est pas uniquement acquise.

Par la suite, nos souvenirs reconstruisent le passé en privilégiant certains faits, non par leur importance dans l'absolu, mais pour l'influence qu'ils ont eue. Deux jumeaux hétérozygotes traités à l'identique par leurs parents pourront l'un se souvenir avoir été encouragé et l'autre freiné.

En effet, nous nous sommes construits en réponse aux interdits et aux injonctions qui ont pu nous être infligés. Ceux-ci nous ont indiqué ce qui était *« bien »* et ce qui était *« mal »* ; ce qu'il ne fallait surtout pas faire et ce qu'il fallait faire à tout prix. Cependant, nous avons repéré, plus ou moins selon les cas, quelques créneaux entre les interdits et les injonctions dans lesquels nous avons obtenu la permission (parfois à grand-peine) de nous infiltrer, et qui sont devenus des directions d'épanouissement.

Or, les éducations sont trop souvent faites presque exclusivement d'interdits et d'injonctions, ce qui gêne l'épanouissement de la personnalité, notamment dans son acquisition de l'autonomie. De nombreuses personnes ont du mal à vivre parce qu'elles entendent toujours une voix autoritaire leur dire :

⇨ C'est bien, mais ce n'est pas encore parfait, tu peux y arriver si tu suis bien la méthode !

⇨ Tu me déçois énormément, pourtant, n'importe qui pourrait faire ça à la perfection !

⇨ Il ne faut pas faire les choses à moitié !

⇨ Il ne faut pas se tromper !

⇨ Tu n'es pas gentil ! C'est pourtant si simple de faire plaisir en obéissant !

⇨ Je suis fier de toi ! Tu fais toujours plaisir à tout le monde !

⇨ Il ne faut contrarier personne ! Ce n'est pas bien d'imposer sa volonté !

⇨ Rien ne s'acquiert sans effort ; il faut souffrir pour être premier !

⇨ Il ne faut pas se reposer, c'est se laisser aller !

⇨ Ce qui est facile est forcément malhonnête !

⇨ Sois fort, je compte sur toi ! Il ne faut pas montrer de faiblesse !

⇨ Tu n'as pas honte de te plaindre ! Ceux qui ont de grandes souffrances sont, eux, dignes d'intérêt !

⇨ Adapte-toi aux exigences de ceux qui commandent !

⇨ Un homme ne pleure pas ! On ne montre pas ses sentiments !

⇨ Il faut travailler vite et bien ! Il ne faut pas traîner, pas rêvasser !

⇨ Ne te préoccupe pas des autres ! Pense à toi !

⇨ Il ne faut pas désobéir ! Les grands savent ; il faut faire comme ils disent !

⇨ Quand tu as décidé, va jusqu'au bout ! Il ne faut jamais changer d'avis !

⇨ Il ne faut pas retourner sa veste ! Celui qui le fait est un traître, un renégat !

⇨ Tu as la folie des grandeurs ! Dans notre famille, on ne fait pas d'études !

⇨ Tu ne dis que des bêtises ! Sois sérieux ! La vie n'est pas faite pour s'amuser !

⇨ On ne parle que quand on est interrogé !

⇨ Tu n'es bon à rien ! Laisse-moi faire !

⇨ Ne prends pas de risques ! Ne fais confiance à personne !

⇨ Ne te fais pas remarquer !

⇨ Je te sortirai un autre jouet de l'armoire que lorsque tu auras rangé celui-ci !

⇨ Ah ! Ah ! Je t'ai maté ! Tu rentres enfin à l'heure ! Y a intérêt à ce que ça continue !

L'éducation de la plupart d'entre nous est donc faite plus de contraintes que d'indications de directions possibles. L'excès de loi tue la loi. C'est-à-dire qu'à trop vouloir contrôler jusqu'au moindre détail au lieu de donner des lignes directrices, d'une part, on étouffe la créativité et, d'autre part, on laisse des *« vides juridiques »*, des cas auxquels on n'aura pas pensé. Celui qui sera contraint par cette loi excessive la transgressera pour pouvoir respirer ou commettra des bêtises par manque d'assurance et de références lorsqu'il se trouvera face à un cas non réglementé.

Sans voies libres, donc, pour nous épanouir, nous devenons asociaux ou nous sommes contraints à des mécanismes de défense de notre inconscient*. C'est en assemblant interdits, injonctions et mécanismes de défense que nous construisons les scénarios* qui vont nous permettre de survivre dans le monde tel que nos éducateurs nous l'ont présenté. Répertoriés par Freud, les principaux mécanismes de défense[1] sont :

Le refoulement*

Il consiste à rejeter inconsciemment aux oubliettes ceux de nos besoins, de nos désirs, et leurs représentations inappropriées, qui pourraient être facteurs de conflit intérieur, d'angoisse, de culpabilité. Nous paraissons ainsi, à nos propres yeux, conformes aux souhaits de nos éducateurs. Mais l'objet du refoulement peut, tout de même, nous pousser inconsciemment aux actes que nous réprouvons. Ainsi, nous

---

1. Lire *Les Mécanismes de défense*, « Que sais-je ? », n° 1899, PUF, Paris, 1981

ne comprenons pas nous-mêmes pourquoi nous refusons toujours ce qui nous est demandé, pourquoi nous humilions systématiquement les plus faibles que nous, pourquoi nous commettons certaines violences physiques ou verbales... Tout le monde est victime du refoulement auquel son éducation l'a contraint. Cela n'excuse, certes, pas les actes délictueux, mais permet de les comprendre et offre un axe sur lequel faire évoluer le *« criminel »*.

La projection*

Elle consiste à prêter inconsciemment aux autres nos pensées, nos réflexions, nos émotions parce que nous refusons que ce soient les nôtres. Ainsi ne vous emportez pas lorsqu'un interlocuteur vous accuse à tort, mais considérez-vous fort de l'information qu'il lutte sans doute contre cette même tendance, très forte chez lui, parce que son système de valeur la juge, néanmoins, mauvaise. Inversement, avant d'accuser qui que ce soit, prenez le temps d'examiner si ce que vous condamnez n'est pas, précisément, une tendance que vous vous reprochez inconsciemment.

Les formations réactionnelles*

Face au ressenti d'une tendance qui nous semble inappropriée, voire dangereuse, nous réagissons à l'inverse de notre pulsion. L'inaction compulsive,* par exemple, peut être une réaction à une tendance excessive consciente à un zèle irréalisable matériellement (et *vice versa*); le désordre compulsif, une réaction à la tendance consciente à une méticulosité obsessionnelle impossible à assouvir; le retard compulsif le résultat d'une lutte contre une ponctualité humiliante de soumission. Ainsi ne vous emballez pas trop vite à l'encontre des travers (d'autrui et de vous-même), ne jugez pas mais observez, analysez et tentez de comprendre – sans faire, toutefois, de ce mécanisme de défense l'unique explication des agissements humains qui se schématiserait en : *« S'il dit non, c'est qu'il est profondément d'accord»*.

L'isolation*

Elle consiste à supprimer inconsciemment la dimension affective des situations et ne les voir que sous leur aspect rationnel afin ne pas souffrir des émotions qui pourraient nous atteindre. Certains professionnels (médecin, infirmier, policier...) qui côtoient quotidiennement la misère, la violence, la mort, ne peuvent venir à bout de leur tâche qu'en prenant cette distance avec l'affectif. Dans la vie personnelle, pour des causes apparemment moindres, l'isolation se pratique également. Parce qu'ils se sentent inconsciemment d'une sensibilité qui leur ferait perdre leurs moyens, certains d'entre nous prennent des distances à l'aide d'explications rationnelles où, par exemple, la vie n'est que le résultat du big-bang; où l'homme est issu de l'évolution des espèces; où l'amour n'est que la réaction chimique à un stimulus olfactif; où la mort n'est que la suite logique de la vie... Ils n'ont pas tort, en fait...

Le déni* ou dénégation*

C'est un refus de reconnaître la réalité d'une perception traumatisante : «*Non, je ne suis pas déprimé*»; «*Non, je ne suis pas déçu*»; «*Non, il ne me trompe pas*»; «*Non, je n'éprouve jamais de tendresse*»; «*Non, je n'ai besoin de rien*»; «*Non, la situation est parfaitement normale*», de manière à pouvoir continuer à vivre comme si la cause de cette sensation ou de ce sentiment désagréable n'existait pas.

Le clivage* manichéen

Il consiste à bien séparer les pratiques en un aspect «*bon*» et un aspect «*mauvais*» puis à ne considérer que le bon de manière à pouvoir pratiquer sans culpabilité. Celui qui, par exemple, fait quelques entorses au règlement pour «*arranger*» ses collaborateurs clivera très bien les «bonnes entorses», faites dans ce motif, et les «*mauvaises entorses*», peut être moins graves, mais faites dans un autre motif.

L'identification*

Elle désigne l'appropriation par quelqu'un d'un aspect, d'une faculté, d'un trait de caractère d'une autre personne qui lui semble plus en conformité avec ses valeurs. Celui qui s'identifie de la sorte se transforme en tout ou en partie sur le modèle qu'il a choisi, mais sans pour autant supprimer la pulsion. Quelqu'un de tatillon peut avoir, par exemple, fui le laxiste qu'il était devant l'image d'un tatillon qui semblait ainsi avoir moins de problèmes dans son travail. Ainsi, la personnalité se constitue, au fil du temps, par une série d'identifications successives.

La rationalisation*

C'est l'explication *a posteriori* de ceux de nos actes dont la motivation nous échappe. Ainsi dirons-nous après avoir pris connaissance des faits, que c'est par souci de justice que nous avons fait un scandale alors qu'il ne s'agissait que d'une colère dictée par l'émotion en l'absence totale d'information sur la situation.

L'introjection*

Elle consiste à s'approprier en imagination les qualités de personnes qui sont admirées (à l'origine le père) et ainsi se croire fort, instruit, talentueux...

La sublimation*

Elle consiste à orienter une pulsion vers un but en harmonie avec le système des valeurs, différent de son but primitif. Ainsi, les formes les plus brutales de l'agressivité peuvent se transformer en esprit de compétition ou le plus terre à terre des désirs sexuels en œuvre poétique.

En Bref

Nos actions sont, en majorité, inadaptées car elles obéissent aux injonctions et aux interdictions que nous avons reçues pendant notre petite enfance. Elles mettent ainsi en branle les mécanismes de défense que nous avons développés à cette époque-là.

4

●

Inconsciemment, nous privilégions certains circuits de perception

Comment pourrions-nous nous comprendre, quand nous n'accordons pas la même importance aux mêmes aspects des choses au point de nier ces aspects ou de ne considérer que ceux-ci.

Certains, par exemple, portent de l'intérêt aux informations.

Connaître, comprendre, savoir leur apporte une réelle satisfaction. Ils accumulent ce savoir au point de se créer des problèmes matériels de stockage. Toutefois, ceux qui privilégient l'information ne sont pas tous semblables, car la nature de l'information recherchée peut être différente. Elle peut concerner la conquête du cosmos, la psychologie, la littérature, la musique ou les derniers potins.

D'autres portent de l'intérêt aux personnes.

Pour eux, c'est la relation, recherchée ou subie, qui compte le plus. Ceux-ci vont tenir compte de l'éventuelle réaction du voisin de bus, du marchand de journaux, du serveur de restaurant, et à plus forte raison du collaborateur ou du responsable hiérarchique. Ceux-là non plus ne sont pas tous identiques car certains attachent de l'importance à ce qui est éprouvé, d'autres à la nature de la réaction. Ceux qui portent de l'intérêt aux personnes aiment connaître ceux qu'ils côtoient et sont mal à l'aise avec les individus qu'ils connaissent peu.

D'autres encore focalisent sur les actions.

Sur ce qu'eux ou d'autres font ou ont fait. Ceux-ci éprouvent un grand plaisir à réaliser ou à constater ce qui a été accompli. Mais, là encore, la nature des réalisations diffère, allant de la gestion d'un pays à l'entretien de son propre appartement.

En plus de l'un des trois centres d'intérêt précédents, certains sont sensibles aux lieux et d'autres non; certains voient d'abord la différence qui existe entre les choses, d'autres d'abord la ressemblance; pour une même action, certains parlent d'approche vers un idéal (perfection, affection, réussite...) d'autres disent s'éloigner de ce qu'ils rejettent (erreur, haine, échec, conflits...). Certains subissent le monde alors que d'autres considèrent qu'ils agissent sur le monde; certains voient des moments isolés, d'autres une continuité temporelle...

Avec ces douze critères, nous aboutissons à cent quarante-quatre configurations de circuits de perception. Et encore, celles-ci ne tiennent pas compte de la nature précise du centre d'intérêt (nature des informations, nature des actions) ni de la possibilité d'avoir deux centres d'intérêts (le savoir et les personnes, par exemple).

— En Bref ——————

Rares sont ceux qui sont conscients de la multiplicité des points de vue possibles sur le même sujet, même s'il s'agit d'un sujet mineur.

5

●

Selon notre vision du monde, nous organisons tout un système de réponses aux événements

Comment pourrions-nous nous comprendre, quand chacun d'entre nous croit que le monde est unique, perçu de la même façon par tous et, par conséquent, évident pour qui que ce soit, alors qu'en réalité, personne ne perçoit le monde de la même manière. En effet, chacun le ressent en fonction de ce à quoi il a été sensibilisé pendant la construction de sa personnalité à coups d'interdits et d'injonctions.

Ainsi le monde peut être :
① **un tribunal toujours insatisfait quoi qu'on fasse;**
② **une grande famille qu'il faut soutenir avec affection;**
③ **un jury qui récompense uniquement la totale réussite;**
④ **un bouge répugnant à embellir;**
⑤ **un objet d'étude toujours renouvelé;**
⑥ **une source de dangers qu'on peut tenter de gérer;**
⑦ **une aventure formidable;**
⑧ **une jungle où il faut faire régner l'ordre;**
⑨ **un paradis, harmonieux à condition qu'on ne s'en mêle pas.**

De la sorte, chacun réagit afin de survivre dans le monde tel qu'il le conçoit, lui, et non pas tel que le conçoit son voisin. C'est cette incompatibilité qui crée des quiproquos, des surprises, des incompréhensions, des rejets. C'est cette divergence de perception du monde qui fait qu'on croit que ceux dont les agissements nous contrarient agissent exprès pour nous contrarier. L'ennéagramme est un outil qui permet de comprendre différentes visions du monde ainsi que l'évolution et la construction des personnalités qui en découlent. Il permet ainsi de s'introduire dans des systèmes de valeurs qui ne sont pas les nôtres, de les connaître et de les comprendre (ce qui ne signifie pas les adopter). Son but n'est pas de nous changer, car il n'existe pas de bonne ou de mauvaise personnalité; chacune d'entre elles a ses aspects positifs et ses aspects négatifs. Mais son but est de nous aider à éviter les réactions inappropriées en chaîne, par une meilleure compréhension des motivations d'autrui, et de rompre, ainsi, le cycle du mécontentement.

Certains auteurs insistent sur l'ancienneté des origines de l'ennéagramme et l'obscurité de sa provenance, lui conférant ainsi un caractère ésotérique qui pourrait rebuter les plus pragmatiques d'entre nous. Attachons-nous plutôt à l'aspect pratique que présentent la diversité, la richesse et la dynamique des différents profils qu'il offre à l'étude, facilitant ainsi le travail de recherche sur soi-même ou la tentative de compréhension de son entourage.

Ainsi, l'ennéagramme considère 9 positions représentant 9 façons de considérer un même objet. À partir de sa vision du monde, chaque base a déterminé une ligne de conduite et un mode de fonctionnement. Ces bases se regroupent trois par trois autour d'un domaine, d'une émotion et d'un moyen de survie privilégiés. Ce qui est commun aux personnes d'une même base, c'est la façon de fonctionner. Celle-ci peut s'exercer dans des cultures différentes, avec des valeurs différentes, avec un niveau d'instruction différent, avec des intérêts différents, dans des époques différentes où évoluent des personnes d'âge différent.

Par exemple, si l'on est né au sein d'un groupe pour lequel la valeur essentielle est de montrer qu'on ne se laisse pas marcher sur les pieds, on se trouve au sein d'une meute où les individus hurlent et mordent dès qu'ils ont l'impression que l'autre va le faire. Les individus à qui l'on aura inculqué pour valeur l'écoute et la négociation passeront longtemps pour des lâches, au sein de cette même meute, avant de démontrer que leur façon de vivre facilite les rapports humains sans transformer les humains en lavettes.

Par exemple aussi, si l'on est né dans une société où bien agir c'est protéger son prochain en l'enfermant matériellement entre des murs et psychologiquement en lui inculquant une seule façon de penser, la concrétisation de la perfection y sera différente de ce qu'elle est dans une société où protéger son prochain c'est le cuirasser en le laissant libre de se confronter à la réalité; en lui laissant accès à toutes les connaissances. Attention! ne jugez pas! car certains d'entre nous sont persuadés de pratiquer la seconde manière alors qu'ils pratiquent la première, ne laissant les gens libres que de penser comme eux en censurant tout ce qu'ils jugent dangereux. Toutefois, un tel paterna-lisme a été nécessaire à une époque où la majorité des individus n'avait pas les moyens (lecture, instruction...) d'accéder directement aux connaissances.

Par exemple encore, parmi les individus qui portent de l'intérêt aux informations, se trouvent ceux qui ont fait des études très poussées et qui recherchent des informations très pointues dans leur domaine d'intérêt, tout comme ceux qui n'ont pas fait spécialement d'études et sont à l'affût de la moindre information sur leur hobby ou sur la jet-set.

Par exemple enfin, un individu de 15 ans n'aura pas les mêmes centres d'intérêt ni la même culture de groupe qu'un individu de même base de 30 ans ou de 60 ans. De plus, un individu de 30 ans en 2003 n'aura pas les mêmes valeurs qu'un individu de 30 ans en 1903 ou en 1003, tout en ayant le même fonctionnement de base. Ainsi peut-on trouver autant de ① persuadés que la seule façon correcte de se vêtir est le costume trois-pièces, que de ① persuadés que c'est le jean et les chaussures de basket. On peut trouver autant de ② de gauche que de ② de droite; des ③ qui veulent réussir dans l'entreprise, d'autres dans la politique, d'autres dans les ordres, d'autres dans le banditisme et d'autres encore dans le spectacle. Le raffinement des ④ peut s'exprimer dans l'avant-garde, la dissymétrie et la destructuration, comme dans le classicisme, la symétrie et la rigueur, l'important restant le caractère singulier de leurs réalisations. C'est-à-dire qu'un ④ aimera écrire soit avec un stylo en or massif soit avec un stylo à encre lilas pailletée. Les ⑤ peuvent être spécialisés dans la science, dans la littérature ou dans la mode. Les ⑥ peuvent appartenir à la CGT, à l'armée, à l'église, à un gang ou à un commando terroriste; les ⑦ peuvent passer leur vie à faire la fête ou s'amuser dans leur métier : s'éclater quand ils signent un contrat ou mettent au point une procédure du fabrication. On croit que les ⑧ ne peuvent être que des chefs despotiques, mais ils peuvent être aussi des ratés aigris et méprisés ou des collègues sympathiques quoiqu'un peu soupe au lait. Quant aux ⑨ on les trouve dans toutes les professions et à tous les échelons d'une hiérarchie depuis que le monde existe, en train de s'appliquer à faire régner l'harmonie.

En Bref

En somme, les fonctionnements humains sont éternels. Ils revêtent des apparences différentes selon le milieu, les connaissances et l'époque, multipliant ainsi les personnalités.

Tableau synthétique des principes de l'ennéagramme

N°	Domaine	Émotion	Moyen de survie	Le monde est	Sa règle de vie	Sa conviction	Son fonctionnement	Sa force	Sa faiblesse
2	Affect (cœur)	Doute identitaire	Relation (personnes)	Une famille	Fais plaisir !	J'assure	Veut être reconnu pour sa serviabilité	Généreux, prévenant, esprit d'équipe	Orgueilleux quand il se croit indispensable ; manipulateur
3				Un jury	Réussis !	Je veux assurer	Veut être reconnu pour sa réussite	Battant, fonceur, travailleur acharné	Ment quand il ne réussit pas
4				Un bouge	Embellis !	Je ne peux pas assurer	Veut être reconnu pour son originalité	Chaleureux, enthousiaste, passionné	Irréaliste ; jaloux ; dramatise tout
5		Peur	Réflexion (information)	Un observatoire	Informe-toi !	J'assure	A peur de souffrir par ses émotions et en diffère l'observation	Calme, connaissances et objectivité	N'est pas disponible, peut en venir à mépriser ceux qui n'étudient pas
6				Un coupe-gorge	Sois comme il faut !	Je veux assurer	A peur de ne pas avoir la réaction adaptée et se conforme aux rites	Loyal ; applique les règles à la lettre	Rigide ; indécis ; soupçonneux ; injuste ; quérulent*
7				Un terrain de jeu	Tu dois tout faire !	Je ne peux pas assurer	A peur de passer à côté du plaisir et positive	Optimiste, positif, communicant	Avide ; superficiel par trop de confiance en ses qualités « innées »
8	Instinct (viscères)	Colère	Contrôle (action)	Une jungle	Redresse les torts !	J'assure	Se met en colère (ouverte) quand il ne contrôle pas	Juste, protecteur (paternaliste)	Agressif ; excessif ; revendicatif
9				Un paradis	Maintiens l'harmonie !	Je veux assurer	Se met en colère (rentrée) quand naît un conflit	Pacifique et pacificateur	La pression le rend apathique ; inefficace
1				Un tribunal	Sois parfait !	Je ne peux pas assurer	Se met en colère (rentrée) quand il se trompe	Honnête, pointilleux et efficace	Vétilleux quand il n'a pas de grande mission

1. Certains cherchent la preuve de leur existence dans la reconnaissance d'autrui

1. 1. Le parent nourricier ②

> Le ② est une espèce de parent nourricier qui se consacre aux besoins des autres pour obtenir en échange l'amour qui lui permettra de ne plus douter de son existence.

Il redoute donc de ne pas être suffisamment aimé ou de se retrouver seul. Cette angoisse diminue lorsqu'il agit pour être aimé. Il est donc heureux quand il rend service. Son premier souci en arrivant quelque part est de repérer ce qu'il peut faire pour être utile.

> Il est toujours prêt à dépanner, aider, défendre, écouter.

C'est le collègue toujours prêt à dépanner, qui accepte sans rechigner d'aider celui qui n'a pas fini sa tâche ; qui accepte de défendre rageusement les intérêts communs, donnant de son temps et de son énergie sans compter. C'est le responsable soucieux de confier la bonne tâche à la bonne personne en redoutant de la surcharger de travail, toujours prêt à écouter et à *« faire quelque chose »* au point de ne jamais rien faire pour lui-même.

> Mais il néglige, refoule* même, ce faisant, ses propres besoins car ils pourraient se révéler incompatibles avec ceux des autres.

Il trouve d'ailleurs ses besoins dénués d'intérêts et se sent perdu lorsqu'il n'a personne à satisfaire.

Le ② se souvient d'avoir été très entouré dans son enfance et que les adultes redoublaient d'affection quand il leur faisait plaisir. Il n'était nul besoin que cela concerne sa réussite scolaire ; le petit bouquet de fleurs cueilli sur le chemin de l'école, la visite à la grand-mère, le petit coup de main dans les travaux ménagers ou dans le bricolage... étaient grandement valorisés.

> Il peut se sentir exploité, être jaloux, aigri.

À force d'accepter les services qu'on lui demande, en plus de ceux qu'il prend l'initiative de rendre, il peut en venir à être submergé d'activités voire exploité ou, du moins, le suspecter. De plus, il accuse, épisodiquement, d'ingratitude ceux qui ne lui montrent pas suffisamment de reconnaissance et ressent de la jalousie lorsqu'un de ses *« protégés »* s'intéresse à un tiers. De même, il est fâché quand on refuse son aide. Il peut être aigri au tournant de sa vie d'avoir tout donné et rien reçu en retour. Son ressentiment le conduit parfois à pratiquer un chantage affectif : *« Et avec tout ce que je fais pour toi, c'est comme ça que tu me remercies ! »*

Il peut être perçu comme hypocrite, inconstant, irritant, envahissant.

Vouloir contenter tout le monde le conduit à montrer le visage qui convient à chacun, ce qui, au bout du compte, le fait passer pour un hypocrite ou un être inconsistant. Il lui arrive aussi de se tromper sur les attentes de l'autre et de se sacrifier pour subvenir à des besoins qui n'existent pas, irritant ainsi les destinataires de ce service inopportun, imposé, qui trouvent le ② envahissant et soupçonnent une manœuvre. On lui reproche de ne pas avoir de personnalité, aucune envergure, aucune ambition.

1.2. Le fonceur ③

Le ③ est un fonceur pour qui réussir est la seule voie pour être aimé et ainsi exister.

C'est l'admiration d'autrui qui, pour lui, est l'amour qui lui permet de ne pas douter de son identité. Ainsi n'est-il heureux que lorsqu'il peut afficher une réussite quelconque et les défis le stimulent. Il se demande toujours en premier lieu ce qu'il pourrait accomplir pour être remarqué, et, de la sorte, valoriser son image. C'est le fonceur qui va savoir entraîner toute une équipe vers l'atteinte d'un objectif ; c'est le *« petit jeune qui en veut »* et qui va travailler sans compter. Mais sa course à la réussite fait de lui un bourreau de travail *(workaholic)* et lui fait négliger ses sentiments et ceux de son entourage. Pour sa famille, c'est le « *courant d'air* » qu'on ne voit jamais et qui ne comprend pas qu'on le lui reproche. Sa phrase favorite est : « *Je travaille, moi !* »

> **À partir d'un mécanisme d'identification, il se lance à corps perdu dans l'action.**

Il se souvient d'une enfance sans démonstration d'affection où seuls ses résultats scolaires comptaient. Ainsi a-t-il mis en branle un mécanisme d'identification* (aux souhaits des parents, des professeurs…) pour se défendre. Pour réussir, il se lance donc à corps perdu dans l'action et il peut vraiment et utilement réussir. Aucun état d'âme ne peut interrompre son travail puisque les émotions sont niées et, pour lui, rien n'est plus ennuyeux que le week-end ou les vacances. Il continue à vouloir être conforme aux attentes des personnes qu'il juge importantes, ou, pour le moins, utiles pour sa réussite.

> **Jamais satisfait, il ne se gêne pas pour adresser des reproches et stresser son entourage, qu'il essaye d'entraîner dans son tourbillon d'énergie.**

Ne pas être le meilleur (au travail, au sport, à l'amusement…) le rend très mécontent. Il critique rarement le travail d'autrui fait correctement, mais ne félicite que le travail vraiment exceptionnellement bien fait. Il ne se gêne pas pour reprocher vertement le détail qui cloche et ses sempiternels reproches stressent son entourage. En somme, il ne semble jamais satisfait et ses collaborateurs ne se sentent jamais payés de leur fatigue. Ceux-ci s'épuisent et s'aperçoivent qu'il en demande toujours plus. Il déborde tellement d'énergie qu'il est, d'ailleurs, complètement insensible à leur fatigue et à leurs difficultés ; complètement intolérant à leurs plaintes. Il tente de les entraîner dans son tourbillon en élaborant l'emploi du temps de chacun, en traquant tout le monde, en traitant de fainéants tous ces paresseux qui ont besoin de réfléchir avant d'agir. À force de distiller son stress autour de lui, il provoque quelques dégâts, se fait rejeter mais va sans vergogne tourbillonner ailleurs. Il n'est, selon lui, pour rien dans ces conflits, c'est lui qui devrait se plaindre, c'est à cause de ces indolents qu'il a trop de travail, c'est ces fainéants qui le ralentissent, qui freinent sa course vers une réussite dont ils auraient pu bénéficier de quelques miettes.

Il est hypersensible à la critique de ses actions car il *« est »* ses actions (intégrisme*); les critiquer revient à le critiquer et il est prêt à mentir pour éviter cette critique. Mais, effectivement, son hyperactivité le conduit parfois à *« brasser de l'air »* et à paraître plus productif qu'il ne l'est en effet, et dans sa précipitation à agir il lui arrive de se tromper.

On le trouve vantard, hypocrite, vaniteux, opportuniste ; arriviste en somme.

1.3. L'esthète ④

Le ④ est un esthète qui s'attend à être aimé pour son infaillible et original sens du beau résultant de l'intensité exceptionnelle des émotions qu'il éprouve et visant à embellir le monde qui l'entoure.

Son plaisir suprême est d'embellir son environnement et rien ne l'attriste autant que la vulgarité, celle, surtout, qu'il découvre chez des personnes qui lui étaient sympathiques. C'est le collègue qui va attacher une grande importance à assortir les couleurs des chemises et des classeurs à celles des murs du bureau et qui refusera d'employer des feutres qui sentent mauvais ou des Bic bleus qui *« sont d'un commun ! »*.

Créatif, il valorise l'originalité, l'inédit, l'inusité, l'insolite.

Le ④ se souvient d'un événement de son enfance qui a déterminé un *« avant »* idyllique (et fantasmatique*) et d'un *« après »* hideux durant lequel il lui faut se battre pour obtenir de la reconnaissance. Il a le sentiment qu'un de ses parents ne communiquait jamais avec lui alors qu'il communiquait avec d'autres personnes. Ce ne peut être, à ses yeux, que parce qu'il n'est pas aimable et, puisque les autres, eux, sont aimables, c'est qu'il est différent. Pour assumer cette différence, il lui faut éviter d'être banal et rien ne lui est plus agréable qu'être remarqué pour son originalité, que de voir les gens s'étonner de l'organisation de sa vie, se retourner sur son passage pour admirer son élégance inédite, rester interloqués devant la décoration inusitée de son bureau, s'écrier à l'énoncé de ses projets insolites… Au travail il sublime* ses pulsions dans ses réalisations : c'est un incontestable créatif. L'engouement des autres pour ce qu'il crée le rassure sur son existence.

Mais le fait d'être « à part » du fait de la grandeur de ses émotions implique une absence d'âme sœur qui, associée à la conscience de ses défauts, le fait souffrir. Il est également blessé quand on ne reconnaît pas son exceptionnalité et en veut à ses proches lorsque leur comportement est « ringard ». Par ailleurs, étant plus sensible à ce qui manque qu'à ce qui est, le réel n'a pour lui aucun intérêt. Il revit donc un passé reconstitué ou rêve un futur comblé de tout ce que le réel lui refuse.

Il est perçu comme irréaliste, exigeant, jaloux, rapide à déployer sensiblerie et dramatisation.

Il vit ainsi « hors du temps » dans un irréalisme exaspérant pour son entourage qui lui reproche d'être exigeant, férocement jaloux, de se complaire dans la mélancolie, de déployer une sensiblerie envahissante et de dramatiser à outrance.

2. D'autres ont peur de leurs émotions et les tiennent à distance

2. 1. L'intello ⑤

Le ⑤ est un contemplatif qui a peur que son cerveau, inoccupé, soit envahi par des émotions qui pourraient lui faire mal. Il aime étudier, analyser, expliquer, prendre des décisions raisonnables.

Il éprouve, en effet, un réel plaisir à étudier, à fouiner dans les archives, à retracer la chronologie des événements, à analyser des courbes, à expliquer le résultat de ses recherches. C'est le chef de projet efficace, qui sait prendre froidement des décisions raisonnables quand tous s'affolent, mais qui aura pris énormément de temps à tout calculer lui-même, afin d'assurer son efficacité. C'est celui qui n'aimera pas du tout que les projets qu'il a si longtemps préparés soient remis en question par une absence, un retard ou une nouvelle recrue qui critique sans connaître le motif des décisions.

Sociable mais indépendant, il n'aime pas se faire remarquer et s'isole.

Le ⑤ se souvient d'un parent qui ne communiquait pas ou d'une enfance durant laquelle la consigne était de ne pas se faire remarquer. Ainsi, la préservation de son identité passait par la mise à distance d'une famille envahissante physiquement ou intellectuellement. Il était un enfant sociable mais très indépendant, qui ne s'ennuyait jamais, trouvait toujours à s'occuper en silence. Il continue donc à s'isoler* pour observer la vie en gardant une distance émotionnelle avec les autres et n'est jamais si satisfait que quand il a compris quelque chose.

Il se crée une bulle, est avare de manifestations extérieures mais tolère volontiers les limites de chacun.

Il trouvera normale la réussite de projets si minutieusement préparés et n'en tirera aucune gloire. Pour méditer, il crée une « *bulle* » qui le coupe des exigences que pourraient avoir les autres, envers qui il est avare de gestes, de paroles, de manifestations de sentiments en tout genre mais dont il tolère volontiers les limites. Ainsi n'est-il pas mécontent des manquements, des incompétences, mais il l'est de la perturbation de son organisation, fruit d'un travail si minutieux. S'il a tout prévu pour s'isoler quelques heures, un perturbateur signe quasiment son arrêt de mort. Le confort matériel lui importe peu, pourvu qu'il ait de quoi lire. Il compartimente ses obligations, n'aime pas qu'on attende quelque chose de lui, ne supporte pas l'autorité, n'aime pas demander, ne comprend pas le concept de compétition, n'aime pas parler de lui, n'aime pas qu'on lui fasse perdre son temps et n'aime pas improviser mais sait se plier à tout ça quand son rôle l'exige : il est, par exemple, facile d'avoir l'air d'improviser quand on a déjà tout prévu.

> On lui reproche cet isolement qu'on prend pour de la
> stupidité, du désintérêt, de l'indifférence, de la froideur, de
> l'arrogance ou du mépris. Il peut, effectivement, aller jusqu'à
> perdre totalement conscience du monde qui l'entoure.

2.2. Le fidèle disciple ⑥

> Le ⑥ est le fidèle disciple qui se fie aux consignes pour éviter
> les dangers car il n'a pas confiance en ses propres intuitions.
> Il applique facilement les règles et procédures.

Se consacrer à un groupe et se plier à sa règle est donc la solution qui lui offre des certitudes ; qui répond à son besoin de savoir ce que chacun attend de l'autre. Il n'est donc heureux que lorsqu'il a une règle précise à appliquer, ce qui fait qu'on peut sans hésiter lui faire confiance. C'est l'employé qui suivra les procédures à la lettre, mais sera complètement perdu en cas d'imprévu car il est incapable d'improviser. C'est le responsable incapable de déléguer car il ne peut rien laisser au hasard et aux interprétations de ses collaborateurs. C'est le syndicaliste qui continuera à lutter quand l'objet de la lutte n'existe plus. C'est le voisin quérulent* qui fera un procès au moindre soupçon d'illégalité.

> Il soupçonne de nombreux dangers qu'il s'applique
> à dépister.

En effet, des événements perturbants qui ne lui ont pas été expliqués (décès, déménagement, naissance…) ou la confrontation à des interdits nombreux et changeants – émanant quelquefois de personnes différentes – pendant la construction de sa personnalité lui ont fermé définitivement la possibilité d'identifier par lui-même ce qui est recommandé de ce qui est à redouter. Il en a retenu qu'il n'avait jamais la conduite adaptée et qu'il n'était bon à rien sans guide. Aussi soupçonne-t-il de nombreux dangers apparents et cachés qu'il s'applique à dépister dès qu'il est dans un lieu nouveau ou une situation nouvelle.

L'incertitude, les surprises et la transgression des règles le contrarient énormément. Il voit de l'hostilité partout, suppose une motivation sournoisement malveillante à tout. Cela lui permet de transformer sa crainte en légitime ressentiment. Il se sent cruellement trahi et ressent une profonde angoisse quand l'autre n'agit pas selon la norme qu'il défend, même si rien n'était convenu au préalable. Bien souvent, il prend pour de la trahison une réaction légitime du point de vue de son interlocuteur, mais à laquelle, lui-même, ne s'attendait pas. Il se projette* énormément dans les intentions d'autrui et ses interprétations erronées ne peuvent qu'entraîner déceptions et, par conséquent, nouveaux doutes sur lui-même, assortis de honte pour son incompétence.

On le trouve soupçonneux, intolérant, intraitable, borné.

L'expression de son angoisse fait des dégâts sur son entourage ; son attitude soupçonneuse rend les autres agressifs. On le trouve intolérant, intraitable, borné. Il peut aussi renier radicalement ses convictions quand il sent qu'il a été abusé par un groupe manipulateur (sectes, intégristes*, terroristes de tous bords) pour lequel il est une proie facile.

2.3. L'épicurien ⑦

Le ⑦ est un épicurien qui positive ses émotions par peur de souffrir d'un quelconque manque. Sympathique et plein d'énergie, il aime le plaisir, la nouveauté et travailler en s'amusant.

Rien ne lui est plus pénible que de prendre une décision ferme et irrévocable et rien ne lui est plus agréable que la perspective de plaisirs. Il adore la nouveauté et accumule projets, conquêtes, achats... C'est l'éternel étudiant qui n'arrive pas à se lancer dans la vie active ; C'est le collègue sympathique, qui prend toujours tout du bon côté, qui travaille en s'amusant mais qui s'éparpille souvent. C'est le chef innovateur, plein d'énergie positive mais qui peut soudainement modifier ses plans.

Il rationalise et positive.

Le ⑦ déclare avoir eu une enfance idyllique essentiellement parce qu'il a réorganisé (inconsciemment) son passé. Il en a éliminé les souvenirs désagréables qui pourraient gâcher son bonheur actuel et n'a conservé en mémoire que ceux qui en faisaient un enfant aimé, valorisé, encouragé, épaulé. Quand on lui rappelle des périodes sombres, il rationalise* : il déclare qu'elles ont été brèves, voire pas si tristes que ça. Il continue d'ailleurs à *«positiver»* pour éviter les émotions désagréables : il affirme que *« tout peut procurer du plaisir »* et déclare avoir tiré un enseignement positif des échecs qu'il ne peut nier. Sa faculté à rationaliser les émotions et à positiver les situations est son atout majeur.

**Très créatif, optimiste avec le sentiment de sa supériorité,
il peut occulter toute entrave et se montrer imprudent.**

Ce talent lui vient d'une compétence à trouver d'autres liens entre les idées que ceux qui sont apparents. Cela lui permet de multiplier les options et le rend très créatif. Son cerveau est sans cesse en ébullition, il jouit en anticipation de la satisfaction que lui procurera son projet réalisé. Aussi laisse-t-il souvent tomber son ouvrage inachevé quand le résultat est devenu évident pour lui et qu'il ne recèle donc plus aucun mystère. Lorsqu'il n'y a plus qu'une issue, il ne peut plus anticiper les événements, et son rythme ainsi ralenti lui ferait ressentir des émotions désagréables, ce qu'il fuit à tout prix. Mais sa recherche du plaisir le conduit à éluder les problèmes, à ne pas s'impliquer, à être imprudent, en somme, à occulter toute entrave. La conscience de sa faculté à faire des liens lui donne un sentiment de supériorité et lui fait négliger de nouveaux apprentissages. Déjà, à l'école, ses enseignants lui reprochaient de réussir sans efforts mais cette remarque le valorisait à ses propres yeux. Son optimisme est un atout, mais il peut devenir dangereux par le déni de la réalité.

3. D'autres encore pensent être responsables du maintien de la justice, de la paix ou du devoir, et ils sont furieux lorsqu'ils n'y parviennent pas

3. 1. Le meneur ⑧

> Le ⑧ est un meneur d'hommes qui veut tout contrôler pour que la justice règne enfin. Juste, honnête, travailleur acharné, il se met en colère dès que le contrôle lui échappe.

Rien pour lui n'est plus jouissif que de voir qu'il est redouté. Perdre ce contrôle serait un signe de faiblesse ; il se met donc en colère dès que le contrôle semble lui échapper. Il sait rapidement identifier les forts et les faibles, et il peut prendre certains faibles, méritants à ses yeux, sous sa protection. Il est foncièrement juste, honnête, et c'est un travailleur acharné. Travailler avec lui est très simple car il dit franchement ce qu'il attend et ce qu'il ne veut pas. Mais il va toujours au-devant des conflits pour voir ce que les autres *« ont dans le ventre »* car seuls ceux qui sont capables de lui tenir tête sont, à ses yeux, dignes d'intérêt et peuvent devenir ses amis. Il commence souvent une relation en montrant, par un *« coup de gueule »*, qu'il est fort, indépendant et respecté. Il est habitué à régler les problèmes immédiatement et sur un ton courroucé dont il attend du répondant ou de la soumission. Il est donc déstabilisé par celui qui le remet en place calmement. Il peut faire de celui-ci son maître à penser car il ne le trouve pas dangereux puisque son ascendant sur lui ne se manifeste pas, selon ses critères, ouvertement. Cette situation trouve son meilleur exemple avec le chef d'entreprise redouté qui devient un agneau devant son conjoint.

Il se souvient que, dans son enfance, les plus forts (les grands) dominaient mais qu'il parvenait à obtenir ce qu'il voulait en faisant une colère. Il n'avait de cesse que de leur résister, voire de les agresser par sa colère, pour maintenir sa domination. Montrer sa gentillesse, parlementer ou prendre le temps de réfléchir permettait aux adultes de reprendre de l'emprise sur lui ; ce sont donc devenus pour lui des signes de faiblesse qu'il dénie* posséder.

> **On lui reproche d'agir sans réfléchir, de planifier à la place des autres, d'imposer sa façon de voir, de tomber dans l'excès.**

L'injustice rend le ⑧ très mécontent et lui fait sortir son arme : la colère. Il n'aime pas, non plus, qu'on tente de le manipuler et réagit très violemment quand il s'en aperçoit. Mais il agace quand il agit avant de réfléchir, quant il planifie à la place des autres, quand il impose sa façon de voir, sa méthode, son rythme. On lui reproche de se mettre en colère pour un rien, avant d'écouter en plein, notamment lorsqu'on lui demande des précisions, des explications. En général, il maîtrise ses colères, mais lorsqu'il se rend compte qu'il ne se maîtrise plus, il tombe dans l'excès (de colère, de violence, de vitesse, de table, de boisson…). Il rentre alors dans un cycle difficile à rompre car ce manque de contrôle sur lui-même (qu'il dénie* férocement) le met très en colère.

3.2. Le diplomate ⑨

> **Le ⑨ est un diplomate qui néglige son propre avis pour contrôler l'harmonie grâce à sa tolérance, en évitant les conflits.**

Il n'est jamais si heureux et si performant que lorsqu'il évolue dans un monde sans heurts, sans un mot plus haut que l'autre ; que lorsque l'harmonie règne grâce à sa tolérance, et il se montre très adroit à repérer ce qui peut éviter une situation embarrassante. Il aime se rappeler les situations harmonieuses et s'attache aux objets qui les lui évoquent. C'est le collègue toujours d'accord, le chef qui prône l'égalité mais qui fait l'autruche dès qu'un conflit éclate.

> **Grâce à un clivage, il arrive à ne pas prendre parti, ce qui en fait un excellent arbitre.**

Il se souvient que sa colère était inefficace, dans son enfance, à l'encontre d'une coalition familiale qui ne l'aimait pas ou qui avait peur de trop le gâter. Il a souvent grandi au milieu de nombreux adultes dont il percevait très précisément la diversité émotionnelle et a trouvé son moyen de survie en ménageant la chèvre et le chou. Tout allait bien lorsqu'il laissait les choses se faire d'elles-mêmes alors que des interventions provoquaient des conflits qu'il ressentait comme la fin du monde. D'ailleurs, ses désirs n'étaient jamais pris en compte et ses opinions étaient rejetées à grand renfort de moquerie. Il ne sait donc pas prendre parti ; il lui semble toujours que chacun a raison et tort à 50 %. Grâce à ce clivage*, il élimine les 50 % de négatif et ainsi trouve-t-il plus juste, afin de ne léser personne, de laisser les autres se débrouiller, puis de s'accommoder de la situation.

Son incapacité à prendre parti en fait un excellent arbitre et c'est souvent lui qu'on vient chercher pour régler des différends.

> **Il peut être perçu comme indifférent et inconsistant, être la proie des manipulations et comme il se paralyse d'autant plus que la pression est forte, on le prend pour un paresseux.**

Mais sa difficulté à dire *« non »* en fait une proie pour les manipulateurs de tous bords. De plus, le sacrifice de ses propres besoins peut être pris pour de l'indifférence voire de l'inconsistance, et irriter son entourage sans que lui-même ne le comprenne. Lorsqu'un conflit naît tout de même, surtout si c'est à cause de son absence de prise de position, la colère l'envahit sans qu'il sache l'exprimer. Il tente alors de s'anesthésier dans la lecture facile, les émissions de télévision idiotes, l'alcool, les somnifères. Plus la pression est forte, plus son cerveau se paralyse et plus il ralentit son rythme. Les autres prennent cette apathie pour de la paresse.

3.3. Le perfectionniste ①

> **Le ① est un perfectionniste qui n'a le sentiment d'exister que lorsqu'il contrôle l'accès à la perfection.**

Il éprouve une grande joie à admirer la perfection de ses réalisations et est très habile à repérer ce qui ne va pas. Il est en paix et efficace lorsqu'il a trouvé son domaine de perfection. Il peut, ainsi, faire beaucoup de bien ou beaucoup de mal au service d'un idéal. C'est le collègue perfectionniste efficace, sur qui on peut compter, mais qui est capable de refaire entièrement un travail pour un détail imparfait à ses yeux. C'est le chef précis, qui prévoit tout dans les moindres détails, mais qui exige que les choses soient réalisées exclusivement avec sa méthode et qui contrôle leur réalisation point par point.

Il respecte le devoir et la règle, et en réaction il est devenu manichéen.

Il se rappelle avoir eu des parents qui ne le félicitaient jamais pour ses réussites, blâmaient ses colères et mettaient toujours l'accent sur ses erreurs, souvent avec punitions à l'appui. En réaction, le désir, chez lui, a été remplacé par le devoir et le respect de la règle. Il est devenu manichéen ; il n'y a, selon lui, qu'une seule bonne manière de faire les choses et recherche sempiternellement LA vérité. Il est persuadé que ceux qui s'y prennent autrement le font exprès par méchanceté envers les gens consciencieux. Depuis l'école, il préfère renoncer à réaliser ce qu'il n'est pas sûr de réussir parfaitement, le bâcler intentionnellement ou le remettre sans cesse au lendemain, plutôt que de produire une imperfection. Cependant, il peut se dépasser efficacement quand il est sûr de réussir.

Il se sent à la fois supérieur et minable, ses sarcasmes traduisent son mal être.

Il se sent supérieur pour être le seul détenteur du standard de la perfection, mais il se sent le plus souvent minable, car il n'est jamais suffisamment satisfait de lui-même. Il a, en effet, du mal à identifier ses réussites, et demander de l'aide serait avouer son imperfection. Son insatisfaction le préoccupe et court-circuite sa perception des émotions ; les siennes et celles des autres. Quand il n'arrive pas à atteindre la perfection ou que les autres n'ont pas ce même souci, une colère intérieure l'envahit. La colère étant une imperfection, il ne peut, cependant, pas la manifester ouvertement, aussi se traduit-elle par un mal-être, des rêves de destruction, des sarcasmes, des piques envoyées sur un ton pincé.

Lorsqu'il n'est pas content de lui, son contrôle se renforce et il devient mesquin, tatillon, vétilleux.

4. Tous évoluent différemment selon qu'ils sont sereins ou stressés

Dans l'ennéagramme, il ne s'agit pas de types figés, mais de bases de personnalité combinables, dont chaque configuration est bien plus riche que la somme des parties. Chaque personne possède donc une base, deux pistes (représentées par les flèches) et un appui à sa droite et/ou à sa gauche; c'est sa configuration. Dix-huit configurations sont possibles. Chaque configuration rassemble toutes les richesses et les limites dont la personne a besoin pour évoluer. Évoluer vers la maturité*, s'intégrer, c'est échapper à sa compulsion*, se tourner vers le monde extérieur et se sentir bien dans sa peau. Cela ne peut commencer que lorsqu'on est rassuré quant à nos doutes. Inversement, régresser, se désintégrer, c'est rester sous la domination de sa compulsion, dresser de plus en plus de barrages entre soi et le monde extérieur et se sentir de plus en plus mal dans sa peau. Ainsi, chaque configuration donne naissance à de multiples personnalités selon sa position entre l'intégration et la désintégration.

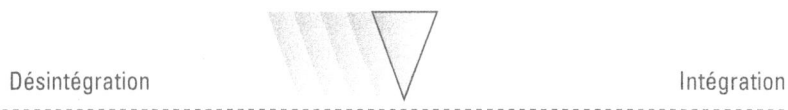

Désintégration   Intégration

Schéma 13 : Chacune des 18 configurations prend une apparence différente selon sa position entre la désintégration et l'intégration.
Une table de réglage complète sur ce modèle pourrait être imaginée ajoutant à celui de l'intégration l'axe de l'âge, de l'époque, de l'instruction... Elle permettrait de régler une personnalité en plaçant les différents curseurs à l'endroit voulu.

Au sein des configurations, il existe une dynamique. Une base a accès à deux autres bases selon le sens inverse de la flèche lorsqu'elle évolue, lorsqu'elle s'intègre, et selon le sens de la flèche lorsqu'elle régresse, lorsqu'elle se désintègre. À ce moment-là, elle puise dans toutes les ressources accessibles à ses contacts (ce qui fait qu'on peut ressentir les caractéristiques de bases avec lesquelles on n'est pas directement en contact), positives lorsqu'elle évolue, lorsqu'elle s'intègre, et négatives lorsqu'elle régresse, lorsqu'elle se désintègre.

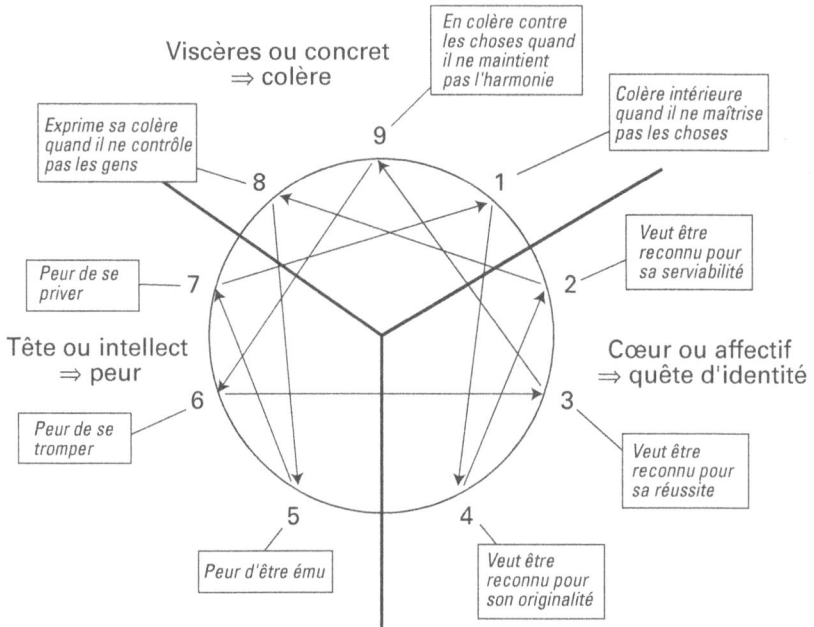

Schéma 14 : L'ennéagramme

Chaque base est habitée par une compulsion majeure, c'est-à-dire une tendance ir-répressible à accomplir certains actes pour prévenir le sentiment d'angoisse qui naî-trait de leur non-accomplissement. Elle met donc en œuvre un mécanisme de défense privilégié pour répondre à cette compulsion, ce qui lui permet de présenter à autrui l'image ou le comportement qui lui semble le meilleur pour un être humain. Chacune possède, en outre, des qualités et des défauts; il n'y a donc pas de type meilleur ou pire que les autres et il y a du confort et de l'inconfort à se reconnaître dans tel ou tel type.

Le sens des flèches marque le circuit de désintégration, le sens inverse étant le circuit d'intégration.

Ainsi, on s'épanouit selon les circuits : 1, 7, 5, 8, 2, 4, 1 et 3, 6, 9, 3, et on se détériore selon les circuits inverses : 4, 2, 8, 5, 7, 1, 4 et 9, 6, 3, 9. C'est-à-dire qu'en s'intégrant, on bénéficie des aspects positifs des bases dans l'ordre donné à partir de la nôtre et qu'en se désintégrant on est affligé de leurs aspects négatifs dans l'ordre inverse.

Le ② s'intègre (2+), quand il se sait aimé en retour de ses bonnes actions. Cela le rend encore plus généreux, mais il ne néglige pas pour autant ses propres besoins. De plus, il a appris à dire *« non »*, ce qui a fait croître son assurance (8+). Il est aussi devenu plus créatif (4+). En outre, il montre plus de rigueur (1+) ou d'ambition (3+).

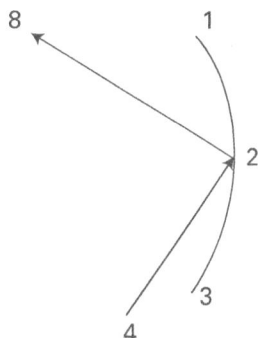

Le ② se désintègre (2-) quand il ne ressent pas d'affection en retour de ses bonnes actions. Il en est pourtant très fier et cet orgueil le pousse à pratiquer un chantage affectif du type : *« Et avec tout ce que j'ai fait pour toi... »* Il peut sombrer plus loin dans l'excès (8-), et se livrer à des manipulations vengeresses après avoir exagéré ses malheurs (4-). Il peut même aller jusqu'à être mesquin (1-) voire se mettre à mentir pour parvenir à ses fins *« la fin justifie les moyens »* (3-).

Le ③ s'intègre (3+) quand il se sait aimé malgré ses éventuels échecs. Il est, à ce moment-là, très productif et très efficace. Il tient enfin compte des autres, prend du temps pour sa famille et devient plus tolérant (9+). Il est aussi capable de fidélité et de respect scrupuleux de l'autorité (6+). Il peut montrer de la générosité (2+) ou être attentif aux émotions et développer sa créativité (4+).

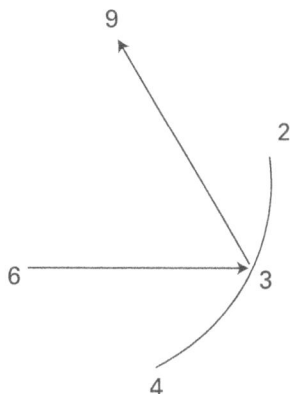

Le ③ se désintègre (3-), lorsqu'il ne réussit pas. Il veut, alors, donner tout de même l'image de la réussite et est capable, pour cela, de mentir car, pour lui, la fin justifie les moyens. Il peut aussi se réfugier dans l'apathie (9-) et devenir extrêmement méfiant, et dépendant (6-). Il peut même y rajouter l'orgueil (2-) ou le catastrophisme (4-).

Le ④ s'intègre (4+), lorsqu'il se sait aimé, même aux moments où il se laisse aller à un peu de ringardise. Cela lui a permis d'embellir, non seulement son environnement, mais également son esprit. Il a, en plus, acquis de la rigueur (1+), de la disponibilité (2+), ce qui lui donnera moins d'occasions de dramatiser. Il peut devenir productif (3+) ou apprendre à se ressourcer (5+).

Le ④ se désintègre (4-), lorsqu'il n'est pas reconnu. Il est désespéré d'être incompris, devient envieux et ne cesse d'exagérer ses échecs. De plus, les exigences de son esthétisme peuvent le conduire à des excès auto-destructeurs dans l'imaginaire (il se déconnecte de la réalité), l'habitat (il renonce à des choses indispensables à la vie parce qu'elles sont laides) ou l'apparence (polychirurgie esthétique, anorexie). Il se rend dépendant des marques d'affection (2-), et devient mesquin (1-). Il peut même vouloir arriver à tout prix (3-) ou se replier dans sa tour d'ivoire (5-).

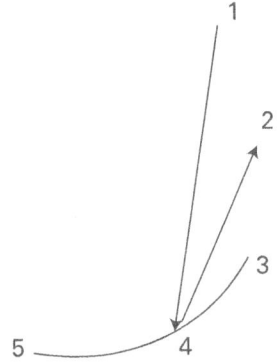

Le ⑤ s'intègre (5+) quand il n'a plus peur de ses émotions ; après avoir observé, écouté, lu, flairé, essayé, palpé tant de choses différentes pour comprendre, il est devenu désintéressé et objectif. Il a, en outre, compris qu'on vivait bien mieux avec des questions qu'avec des réponses. Il reçoit les informations avec une distance qui lui permet de décider froidement. Il va, de plus, oser confronter son savoir à la réalité avec assurance (8+), enthousiasme, optimisme (7+) Il exploite sa créativité (7+) (4+) ou accepte de s'engager (6+).

Le ⑤ se désintègre (5-), lorsqu'il ne comprend plus. Retiré, alors, dans sa tour d'ivoire, il sombre dans l'excès (8-), il utilise son acquis à ourdir des plans vengeurs contre un ennemi inconnu et peut devenir, par exemple, le savant fou qui fera sauter la planète ou plus modeste-

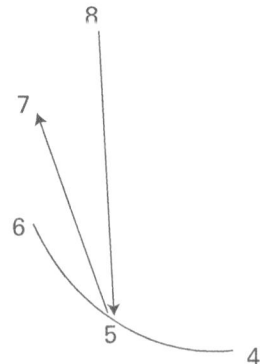

ment un créateur de virus informatique. Il doute, se disperse et ne sait plus décider (7-). Il fait une fixation sur ses problèmes (4-) ou devient excessivement soupçonneux (6-).

Le ⑥ s'intègre (6+) quand il se sent en sécurité. À ce moment-là, il est d'une fidélité et d'une loyauté sans faille. Il peut alors acquérir le courage de braver la loi du groupe et devenir plus confiant, plus soucieux d'harmonie (9+) et ambitieux (3+). Il peut même développer de la patience (5+) ou de l'optimisme (7+).

Le ⑥ se désintègre (6-), lorsqu'il se sent incessamment en danger. Il ne quitte plus alors son pessimisme et devient soupçonneux à outrance. Il voit des dangers partout et, par peur de se tromper, ne décide plus rien. Il peut, de plus, chercher une solution dans l'arrivisme (3-), ou dans l'immobilisme (9-). Il peut même devenir distant (5-) ou se disperser (7-).

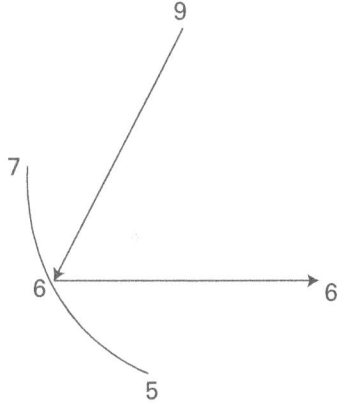

Le ⑦ s'intègre (7+), quand il a constaté qu'il pouvait être comblé après avoir choisi. Il est d'un optimisme communicatif et apprend la patience (5+) et la rigueur (1+). Il peut même s'engager (6+) pour une cause ou montrer plus de volonté (8+) que jamais.

Le ⑦ se désintègre (7-) quand il souffre d'un manque. Il trouve toujours des causes extérieures à sa souffrance (rationalisation*). En outre, à force de s'être réservé des choix il est dispersé, désordonné, et n'achève rien. Il devient mesquin (1-) et indifférent (5-). Il peut même devenir soupçonneux (6-) et excessif (8-).

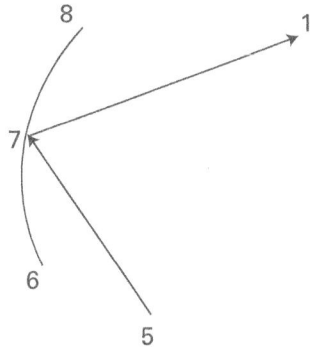

Le ⑧ s'intègre (8+), lorsqu'il a le contrôle. Il est alors autonome, rassurant, protecteur, courageux. Il ne se laisse jamais faire et défend la cause de ses subordonnés jusqu'au bout. Il devient généreux (2+) et même patient (5+). Il peut aller jusqu'à être optimiste (7+) ou tolérant (9+).

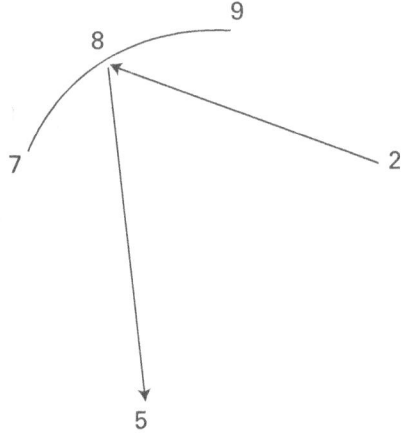

Le ⑧ se désintègre (8-), lorsqu'il est en position de faiblesse. Cela le rend agressif (il désire se venger) et excessif. Il peut sombrer dans n'importe quel excès : folles dépenses, ripailles, vitesse, alcool, drogue... De plus, il a tendance à voir une solution dans l'isolement et la cogitation de plans de vengeance (5-), justifiés par l'orgueil (2-). Il troque son assurance pour de la dispersion (7-) ou étouffe sa colère dans de l'apathie (9-).

Le ⑨ s'intègre (9+), lorsqu'il n'y a aucun conflit autour de lui. Il est calme mais actif, sympathique, facile à vivre, tolérant ; c'est celui vers qui l'on se tourne en cas de problème. Il peut être ambitieux et efficace (3+) ; loyal et confiant (6+). Il peut même devenir courageux (8+) voire rigoureux (1+).

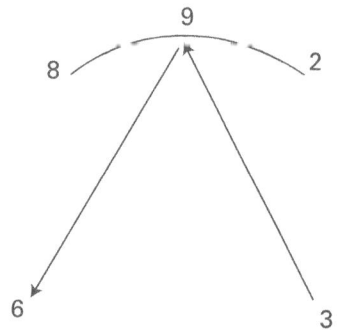

Le ⑨ se désintègre (9-), lorsqu'il ne peut pas éviter les conflits. Il se renferme et s'anesthésie de sommeil, de lecture, de télévision... Il devient même soupçon-neux (6-) et peut devenir arriviste (3-), prêt à mentir dans l'espoir de réussir. Il peut se réfugier dans les excès, la vengeance, la destruction (8-), ou s'attacher opiniâtrement à des détails sans importance (1-).

Le ① s'intègre (1+) quand il a le sentiment de n'avoir commis aucune erreur. Il est honnête et constructif. Sans se mettre en avant, il est capable de concrétiser des idéaux élevés, humanitaires par exemple. Il peut être optimiste (7+), et parfois même créatif et perceptif à la nature des émotions d'autrui (4+). Sa tolérance (9+) s'accroît quand ce n'est pas sa générosité (2+) qui s'amplifie.

Le ① se désintègre (1-), quand il a le sentiment de s'être trompé (sur lui, sur les compétences ou les qualités de quelqu'un à qui il a fait confiance). Il est alors dans une colère sans éclats qui le fait envoyer des piques dévalorisantes, critiquer mesquinement. En outre, il va ressasser et amplifier l'objet de sa haine (4-) et se laisser aller, incapable de prendre une décision (7-). Il peut même sombrer dans l'apathie (9-) ou s'enfermer dans sa supériorité bafouée envisageant peut-être un chantage (2-).

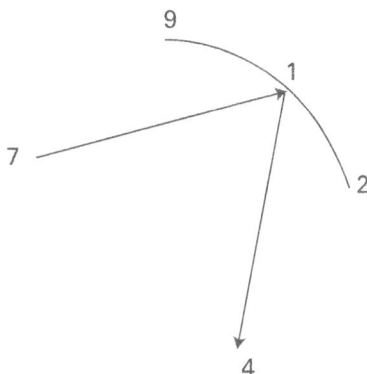

Comment voulez-vous que, sans un sérieux effort, ces personnalités se comprennent ? Le ①, par exemple, est persuadé que l'humanité entière ne vit que dans l'espoir de réaliser son travail à la perfection. Il est aussi convaincu d'être le garant de la bonne exécution de cette quête. Il ne peut pas se douter, si l'on ne lui dit pas, qu'un ② s'intéresse plutôt au bonheur des personnes ou qu'un ⑦ est surtout soucieux de ne manquer aucun plaisir.

Ainsi, chacun croit faire pour le mieux mais agit en dépit du bon sens aux yeux des autres.

Il est encore plus difficile que les bases se comprennent quand la compulsion qui règle leur comportement devient omniprésente et les entraîne vers la pire des désintégrations : la maladie psychiatrique. Claudio Naranjo, médecin psychothérapeute chilien qui a contribué à la diffusion de l'ennéagramme, a établi, dans les années 1970, une correspondance entre chaque base et la maladie psychiatrique qu'elle est susceptible de développer à son niveau de désintégration le plus bas. Il a employé les désignations de la nomenclature américaine *(DSM 4[1])* :

Base	Maladie psychiatrique susceptible d'être développée par la base, selon NARANJO *(DSM 4)*
①	Trouble obsessionnel compulsif (TOC) avec dominante compulsive
②	Hystérie
③	Workaholism
④	Névrose maniaco-dépressive
⑤	Schizophrénie
⑥	Paranoïa
⑦	Narcissisme
⑧	Sociopathie
⑨	Trouble obsessionnel compulsif (TOC) avec dominante obsessionnelle

Le trouble obsessionnel compulsif (TOC)

Le patient atteint d'un trouble obsessionnel compulsif est agressé par des idées, des images (violentes, obscènes, absurdes…) obsédantes, stéréotypées, qui s'imposent à sa conscience. Il lutte désespérément pour les chasser mais est obligé d'admettre qu'elles sont siennes. Par ailleurs, il présente des comportements compulsifs* récurrents; il s'adonne à des activités stéréotypées ne servant à rien, comme s'il lui fallait, à tout prix, mettre en œuvre un rituel magique qui empêcherait un malheur.

L'hystérie

C'est une névrose au cours de laquelle le sujet traduit dans son corps un trouble plus profond, qu'il a refoulé dans l'inconscient*. C'est-à-dire que le passage du conflit inconscient dans le corps se manifeste par des troubles qui évoquent des maladies organiques : anesthésies, paralysies, contractures, spasmes, tremblements, troubles sensoriels et visuels. La récupération est marquée par des attitudes théâtrales et passionnelles. L'hystérique est caractérisé par son besoin de

---

1. Diagnostic and Statistical Manual 4th Edition.

découvrir des désirs insatisfaits chez les autres. Sa quête permanente porte sur la découverte de manques de ce type qui lui font mal mais dont les causes réelles et la résolution ne l'intéressent pas.

Le workaholism

Le terme est formé sur *« alcoolisme »* à partir du mot *« travail »* et traduit un comportement proche de l'obsessionnel compulsif qui ferait une fixation sur le travail. Cette pathologie touche les classes moyenne et supérieure. Le workaholic fusionne avec sa profession ; il travaille comme si une compulsion le rendait coupable et entraînait chez lui une très forte angoisse quand il ne travaille pas.

La névrose maniaco-dépressive

Dans la névrose maniaco-dépressive ou trouble affectif bipolaire, le patient passe de l'excitation (manie) à la dépression. Ces épisodes s'installent en général assez brusquement et sont entrecoupés de périodes de totale rémission. Certains cas présentent une dominante maniaque avec des épisodes d'excitation pouvant durer de deux semaines à cinq mois ; d'autres, une dominante dépressive avec des épisodes de crise durant en moyenne six mois.

La schizophrénie

Elle est caractérisée par des distorsions de la pensée et de la perception sans atteinte des capacités intellectuelles. Le patient déclare qu'il est sous influence, qu'on lui impose ou qu'on lui vole ses pensées. Il éprouve des hallucinations sensorielles, en majorité auditives. Il tient un discours incohérent souvent dans un langage ésotérique*. Il est apathique, se centre sur lui-même et fuit la société.

La paranoïa ou schizophrénie paranoïde

C'est la forme la plus fréquente de schizophrénie. Les délires du patient font de celui-ci un objet de persécution, l'investissent d'une mission spéciale, le pourvoient d'une naissance cachée de rang élevé, le rendent jaloux ou modifient son corps. Ses hallucinations auditives se moquent de lui ou lui donnent des ordres. Ces troubles le rendent rigide, agressif, autoritaire, despotique. Il contrôle, surveille, dénonce, fait des procès. Il est impossible d'avoir une communication fondée sur la confiance avec lui mais il sait, quant à lui, convaincre son entourage voire un peuple entier.

Le narcissisme

C'est une pathologie dans laquelle le sujet porte un amour démesuré à son image, se désintéressant totalement du monde extérieur.

La sociopathie

C'est à l'heure actuelle un terme un peu *« fourre-tout »*. Elle désigne avant tout un comportement violent compulsif à l'encontre de tout ce qui représente les autres êtres humains : agressions, destructions, incendies, meurtres, viols…

Maladie psychiatrique est trop souvent confondue avec débilité mentale. *« Mais pourtant, il est instruit! »* est souvent l'argument qui nous vient lorsqu'on nous explique qu'une personne est atteinte d'une maladie mentale. Cependant, maladie psychiatrique et débilité mentale sont des choses différentes ; la maladie mentale est un trouble du comportement qui n'affecte pas forcément les capacités intellectuelles d'une personne.

Intelligence et maladie mentale sont donc parfaitement compatibles.

Une base n'est en aucun cas une maladie psychiatrique et aucune base n'est plus prédestinée à la maladie psychiatrique que les autres. Mais, en cas de déréglements, chacune des bases se détériorera plutôt dans une maladie que dans une autre. Cela dit, une dépression réactionnelle, c'est-à-dire un épisode dépressif qui se manifeste à la suite d'événements qui ont été perçus comme des agressions par le patient, est à la portée de n'importe quelle base.

— En Bref —

L'ennéagramme est un outil qui permet de comprendre son propre comportement et certains des rapports conflictuels qu'on peut avoir avec notre entourage. Il présente l'avantage, par rapport à d'autres outils, de ne mettre en valeur aucun des caractères décrits, tous ayant des qualités et des défauts et étant susceptibles d'évoluer.

En s'appuyant sur les caractéristiques mises en évidence par l'ennéagramme, on peut trouver le moyen de positiver une relation (voir p. 186).

C'est notre conception différente du monde qui est à la base des conflits

Types \ Mécontentement	Ce qui le mécontente	En quoi il mécontente les autres
①	Qu'on ne respecte pas les règles, les procédures les engagements ; qu'on les change surtout si c'est fréquent ; qu'on le soupçonne d'être malhonnête ; qu'un travail soit bâclé ; qu'on soit en retard.	On le trouve tatillon intolérant, hyper conformiste, culpabilisant ; On le traite de «stroumpf à lunettes».
②	Qu'on ne s'intéresse pas à lui ; qu'on ne remarque pas ses interventions, ses services ; qu'on ne le remercie pas ; qu'on abuse de sa gentillesse ; qu'on néglige son prochain ; qu'on le traite d'égoïste.	On trouve qu'il se mêle de ce qui ne le regarde pas, qu'il impose son point de vue ; il est envahissant ; on le traite d'hypocrite.
③	Les fainéants qui perdent leur temps à ne rien faire, les loosers ; ceux mal organisés ; ceux qui ont réussi et qui le narguent ; ceux qui sont plus fort que lui ; ceux qui ne l'adulent pas.	On le trouve coincé, un vrai robot insensible ! On le traite d'arriviste ; aux dents qui rayent le parterre !
④	Les gens vulgaires qui ne savent pas se comporter, s'habiller ; les médiocres qui n'ont aucune sensibilité ; ceux qui produisent des projets terre-à-terre, sans originalité ; qu'on ne le remarque pas.	On trouve qu'il fait la «diva», qu'il est soupe au lait ; il trouve toujours un truc qui ne va pas !
⑤	Ceux qui ne vérifient pas ce qu'ils avancent, qui sont superficiels ; ceux qui ne savent pas réfléchir ; ceux qui sont incultes et osent lui faire des remarques ; qu'on trafique son emploi du temps derrière son dos.	On le trouve égoïste, indifférent irresponsable, il ne se met pas à la portée des autres ; on le traite d'hypocrite, d'ours.
⑥	Qu'on ne le croie pas ; qu'on le critique ; qu'on le tienne à l'écart ; les traîtres, les vendus, les pourris ; ceux qui ne respectent plus les traditions ; les situations floues.	On le trouve indécis, soupçonneux, inquiétant, imprévisible, intolérant; on le traite de suiviste.
⑦	Qu'on le cantonne dans la routine ; qu'on le critique; qu'on rejette ses propositions ; les gens tristes qui veulent le forcer à se lamenter avec eux.	On le trouve incohérent, irréaliste, superficiel ; on le traite d'adolescent attardé.
⑧	Qu'on le commande, le contrôle ; qu'on ne lui donne pas les moyens, la marge de manœuvre nécessaire ; qu'on lui manque de respect; les faibles, les hypocrites, les indécis.	On le trouve exigeant, coléreux, contrariant, méchant, orgueilleux; on le traite de «Zorro».
⑨	Qu'on le tarabuste, le houspille ; qu'on cherche la bagarre ; qu'on se mette en colère ; qu'on se dispute ; qu'on veuille des transformations; qu'on change les règles du jeu.	On le trouve inconsistant, lâche, hypocrite; il ne se mouille jamais ; il s'en fout; on le traite de fainéant !

137

En Bref

L'ennéagramme est un outil qui schématise les comportements, et ainsi permet :

⇨ de constater qu'il existe des conceptions différentes du monde qui nous entoure et que cela est source de conflits ;

⇨ de constater que les êtres humains ne fonctionnent pas tous de la même façon, ce qui fait qu'ils se mécontentent réciproquement ;

⇨ de comprendre son propre fonctionnement plutôt que continuer à n'en avoir qu'une vision partielle par intuition ;

⇨ de savoir dans quel sens travailler son comportement pour évoluer vers la maturité* ;

⇨ de savoir comment parvenir à trouver un espace de coopération positive avec les membres de son entourage.

6

Certaines de nos attitudes provoquent les râleurs, elles entretiennent voire amplifient la grogne

1. Nous n'adoptons pas le comportement congru*

1. 1. Nous jugeons selon des critères contestables

Si l'ennéagramme nous éclaire sur la diversité des motivations humaines qui sont à la base des comportements, en nous aidant à admettre que chacun a ses raisons d'agir comme il agit et de penser ce qu'il pense, et à discerner des terrains d'entente pour une vie en communauté plus sereine, il n'est qu'une création humaine et non ce qui a servi de base à la création de l'humanité. En effet, personne ne peut prétendre connaître la procédure de fabrication de l'être humain ou son mode d'emploi car le siège de nos pensées, de notre compréhension, de nos décisions, demeure, malgré les progrès de la science, l'organe humain le plus mystérieux. C'est pourquoi nos différentes explications des comportements, dont l'ennéagramme fait partie, ne sont que les palliatifs qui nous permettent de subsister en société, en bons animaux sociaux[1] que nous sommes.

Le comportement humain était un mystère encore plus profond dans des temps reculés où la majorité de nos ancêtres n'avait accès ni aux connaissances ni à une réflexion approfondie, pour la bonne raison qu'ils ne maîtrisaient ni la lecture ni l'écriture, compétences qui servent à structurer la pensée. Il leur était donc difficile de déterminer la conduite congrue* uniquement en se référant à une valeur morale (qu'est-ce qui est juste dans les pratiques quotidiennes ?) ; il leur fallait des consignes précises pour connaître la frontière entre leur liberté et celle d'autrui. C'est pourquoi, les plus savants d'entre eux, pour pallier la discorde, et préserver le bien-être commun, avaient mis empiriquement* au point des codes destinés à aider à dominer la satisfaction égoïste d'un seul (orgueil, colère, avarice, luxure, gourmandise, jalousie, paresse) qui aurait pu causer du tort aux autres.

---

1. On appelle « animal social » tout animal qui, dans la nature, s'organise hiérarchiquement dans un groupe fermé. C'est le cas des singes, des castors, des loups, des choucas... Pour une initiation aux mœurs animales, lire, par exemple, *L'Éthologie*, Rémy CHAUVIN, PUF, et *L'Éthologie humaine* de J.-D. DE LANNOY et P. FEYEREISEN, PUF, pour une étude des mœurs de l'Homme.

Les codes moraux des civilisations disparues : Code d'Hammourabi (Mésopotamie, XVIIIe-XVIIe siècle av. J.-C.), Livre des morts (Égypte, XVIe-XIVe siècle av. J.-C.), contenaient déjà l'essence du toujours vivant Décalogue (~XIIIe siècle av. J.-C.). Les commandements contenus par celui-ci étant communs aux trois religions du Livre*, ils régissent, en dehors de toute religion, la culture de la majorité de nos contemporains.

> **Le Décalogue, code moral datant du XIIIe siècle av. J.-C., ordonne essentiellement de respecter son prochain et interdit principalement de tuer, de voler, de trahir, de mentir, de jalouser ainsi que d'idolâtrer un autre humain, soi-même ou un objet.**

Ces codes étaient destinés à donner des règles de vie simples à des humains frustes qui, ne sachant ni lire, ni écrire, ni compter, n'avaient pas les moyens d'accéder aux subtilités du raisonnement métaphysique*. Un code leur indiquait donc la conduite à tenir pour prétendre à la paix par le respect de leurs semblables.

Les grands interdits (précédemment cités) et les grandes vertus (souci de l'autre ; confiance ; respect de la parole) ancestraux, nommons-les « *grands principes* », ont été interprétés à différentes époques en fonction de la conjoncture du moment.

> **Si l'on peut constater l'universalité des grands principes, leur permanente actualité, on se heurte régulièrement à l'anachronisme des interprétations.**

Nos lointains ancêtres, en effet, qui manquaient d'instruction attendaient des plus instruits qu'ils leur déclinent ces grands principes en menues règles de vie adaptées à leur culture. Le respect d'autrui a longtemps été décliné, par exemple, en obéissance au plus fort, au plus instruit, au plus gradé, sans souci de l'effective respectabilité de ces derniers.

Nous sommes, au contraire, extrêmement soucieux, aujourd'hui, de la légitimité de tout semblant de respectabilité et fondons essentiellement celle-ci sur l'observation de la notion d'égalité. Nous jetons, ainsi, un regard critique, sur l'esclavage et nous serions choqués que notre éthique le considère comme l'un des statuts normaux de l'être humain (ce qu'il était quand il était officiellement pratiqué au sein d'une même ethnie) mettant cet humain sous la protection d'un autre, plus fort, avec sa part d'aléatoire : tomber sur un bon ou un mauvais maître. Nous sommes choqués par la féodalité, qui reproduit ce même schéma ; par le paternalisme du XIXe siècle ; par les récits de cette époque glorifiant le renvoi d'employées qui avaient commis la faute d'attendre un enfant hors mariage. Néanmoins, la *« bien-pensance »* de l'époque imposait cette conduite, même si celle d'aujourd'hui la réprouve. Ce n'est pas un problème de personnes, mais un problème d'époque. Nous aurions vécu à ces moments-là, nous aurions jugé différemment de ce que nous le faisons aujourd'hui.

Toutefois, malgré notre chasse justicière aux respectabilités imméritées de tous les temps, nous répercutons encore des règles qui n'ont plus leur fondement et nous en fabriquons d'autres qui, bien qu'ayant des critères qui mettent hors la loi celles qui les ont précédées, n'en sont pas pour autant universellement meilleures. L'apparence physique a plus que jamais de l'importance, même s'il ne s'agit plus de porter costume et cravate sombres ou tailleur et chignon bien serré. La moralité est toujours contrôlée, même si elle ne s'évalue plus à la fréquentation des églises. Les générations futures se choqueront, sans aucun doute, des motifs de certains de nos recours aux prud'hommes, comme elles se moqueront du *« politiquement correct »* de notre époque.

Ce n'est donc pas en jouant les redresseurs de torts que nous aurons le comportement parfait, le comportement qui fait régner la justice et, par conséquent, instaure l'harmonie. Ceux qui nous ont précédés avaient les mêmes intentions et, avec du recul, nous trouvons qu'ils ont provoqué plus de mécontentement que de satisfaction. Du reste comme nous ne faisons que reproduire ce qu'ils ont fait, en l'habillant de costumes et d'idées à la mode, nous ne pouvons qu'espérer le même résultat.

━━ **En Bref** ━━━━━━
Nous mécontentons parce que nous nous posons trop souvent en censeurs arbitraires :
⇨ en n'explicitant pas les raisons de nos verdicts ;
⇨ en prônant systématiquement le contraire de nos prédécesseurs ;
⇨ en nous fondant sur des critères dont on ignore sur quelle valeur morale ils s'appuient (c'est simplement *« pas bien »*) ;
⇨ en ne connaissant pas tous les tenants et aboutissants de l'événement qu'on juge ;
⇨ en ne connaissant ni le vécu ni les intentions de la personne qu'on condamne.

1.2. Nous trouvons désuet le respect de la politesse

Toujours pour préserver la paix en ménageant les susceptibilités, les anciens ont codifié les usages qui permettent d'avoir le comportement attendu, congru*, celui qui aide à ne pas éveiller l'agressivité de ses interlocuteurs : c'est-à-dire la bienséance, les convenances, la politesse. Héritage du langage animal qui s'appuie sur les attitudes, les postures, les expressions, la politesse privilégie le comportement qui montre de la soumission, dans l'intention d'indiquer à celui qui est en face qu'on ne lui veut pas de mal (on s'approche à découvert et on lui tend notre main ouverte et désarmée; on lui cède la meilleure place; on se conforme à ses habitudes; on lui laisse choisir sa part du butin[1] en premier…). Il ne s'agit, en aucun cas, d'une soumission réelle, pas plus que d'une feinte destinée à l'amadouer pour mieux le rouler, mais d'une simple entrée en matière pacifique convenue, propre à l'espèce. Le rituel homo sapiens veut que le partenaire montre à son tour des signes de soumission afin que la discussion puisse s'engager. Si celui-ci ne rentre pas dans le jeu, reste indifférent ou profite de la situation pour tenter une domination, celui qui a pris l'initiative du rapprochement en ressort humilié et fort mécontent. C'est ce phénomène qui se produit plusieurs fois par jour lorsqu'on ne répond pas aux

___
1. Les aliments, les avantages en nature,par exemple, sont le butin de l'homme contemporain

salutations; lorsqu'on s'adresse à une personne accompagnée en ignorant la personne qui l'accompagne; lorsqu'on ne dit pas *« merci »*; lorsqu'on évite celui qui est intervenu pour nous faire embaucher; lorsqu'on couvre d'une voix forte le propos qu'on n'approuve pas; lorsqu'on prend systématiquement nos vacances en août puisque les autres nous ont laissé le choix la première fois... Et pourtant! Ne sommes-nous pas les premiers à nous plaindre de la disparition du sens de la politesse!

Ces conduites instinctuelles ne nous sont plus évidentes parce que nous parlons. Ainsi, tandis que l'animal oublie et passe à autre chose après la rencontre, l'homo sapiens, lui, continue à y penser, l'analyse, en tire des conclusions, suppose des intentions cachées. En effet, il s'est mis un jour à parler. Il a enrichi ses échanges de paroles qui allaient au-delà du code comportemental et, peu à peu, il s'est mis à ne considérer que ces paroles et à reléguer dans l'inconscient les messages du comportement. Il les comprend donc toujours, il ne peut s'empêcher inconsciemment de les utiliser, mais il n'en a pas conscience.

De plus, ces conduites instinctuelles se dissimulent bien souvent sous des convenances culturelles. Ainsi est-il de bon ton d'éructer à la fin du repas lorsque la culture locale a enregistré cet acte comme un hommage à la qualité de l'hospitalité reçue. Mais il n'est pas recommandé de le faire dans les pays où la moindre absence de retenue des fonctions naturelles est classée dans les insultes et il me semble que, dans n'importe quel restaurant d'entreprise, ce genre de manifestation serait malvenu et attirerait sur son auteur un mécontentement généralisé.

Celui qui ne respecte pas le code provoque donc le mécontentement. Le grossier personnage qualifie d'humour, par exemple, son manque de politesse tout comme le fait le médisant avec son fiel. Qu'ils ne s'étonnent pas, tous deux, de polariser la haine de ceux qui ne sont pas de leur nature. La grossièreté n'est pas dans le mot employé, mais dans le manque de finesse de l'intention. Qu'un vocabulaire terre à terre soit utilisé à dessein pour souligner, avec détachement mais sans amertume, les aspects ridicules, absurdes ou insolites de la réalité, le résultat n'en est pas moins de l'humour. Mais que des mots grossiers soient prononcés dans le simple but de les avoir prononcés ou de rire de ceux qui en seront offusqués ou encore que des propos soient tenus uniquement pour souligner le manque d'à-propos de quelqu'un qu'on n'aime pas et l'on se trouve très loin de l'humour.

Par ailleurs, l'animal dominant de la meute se réserve un territoire personnel en hauteur. Il est très féroce avec ceux de ses congénères qui tentent d'y pénétrer mais, le reste du temps, il ne leur prête aucune attention. Les inférieurs, eux, ne le quittent pratiquement pas des yeux afin de capter ses intentions et de les satisfaire. Ainsi, être attentif aux autres, pour un être primitif, c'est s'inférioriser, alors que développer une attitude méprisante, s'approprier en premier ce qu'il y a de meilleur, c'est dominer. Ne reconnaissez-vous pas là un comportement fréquent dans nos entreprises ? Avez-vous observé celui qui croit, archaïquement, qu'il aura plus d'importance s'il se montre affairé, s'il ne prête pas attention à celui qui tente de l'interpeller, s'il a le plus grand bureau, le plus gros fauteuil, un espace réservé dans la salle du restaurant d'entreprise, s'il porte des vêtements coûteux, possède la plus grosse voiture, fait partie d'un club huppé et joue au polo ?

Nous sommes donc encore sensibles à ce code comportemental ; rien d'étonnant puisqu'il est inscrit dans le patrimoine génétique de notre espèce : s'il n'y a pas rituel pacificateur, il y a agression, c'est simple, c'est facilement et quotidiennement vérifiable. Malheureusement, la *« politesse »*, quand elle est enseignée, est inculquée despotiquement et le motif de ses consignes n'est jamais explicité (souvent parce qu'il n'est pas connu ; *« C'est comme ça ! Un point, c'est tout. »*).

La politesse n'est donc pas vécue comme l'indication de comportement facilitant la communication, mais comme une astreinte arbitraire.

C'est pourquoi, ceux à qui elle a été enseignée, dans une réaction puérile, tendent à la mépriser, et, perçue comme une contrainte artificielle émanant de la bourgeoisie, elle est rejetée par ceux à qui on tente de l'enseigner, quand elle n'est pas complètement ignorée. Or, ces modestes consignes peuvent, précisément, éviter les frictions. Examinez-les bien, n'y reconnaissez-vous pas les principes de PNL, d'analyse transactionnelle, de proxémique, dont on vous a parlé en formation ?

⇨ *« On se lève pour saluer une dame qui, elle, reste assise » : sous couvert de galanterie, celui qui reste debout domine la personne qui reste assise. Celle-ci trouve tout de même son compte dans la dignité de la position assise (qui, il faut bien le reconnaître, est gênante pour celles qui ne sont pas très au fait des convenances).*

⇨ *« On ne réplique pas ! » : cette consigne présente l'avantage de nous éviter de rentrer dans des jeux psychologiques (voir p. 149).*

⇨ *« On ne parle pas sous le nez des gens » : il s'agit là de ne pas pénétrer sans y avoir été invité dans la « bulle » de notre interlocuteur (voir p. 155).*

⇨ *« On dit bonjour aux personnes que l'on croise » : c'est une marque de reconnaissance (voir p. 167) positive qui passe par le canal auditif (voir p. 169).*

Cela dit, l'être humain qui a atteint la maturité* n'a pas besoin de ces artifices comportementaux pour acquérir et conserver du crédit auprès de ses collaborateurs.

Il sait que ses instructions seront suivies :

⇨ **s'il est digne de fois ;**

⇨ **s'il est cohérent, s'il dit ce qu'il pense et fait ce qu'il dit;**

⇨ **s'il fait preuve de constance, c'est-à-dire s'il poursuit résolument son objectif en intégrant, au fur et à mesure, les solutions apportées aux difficultés rencontrées;**

⇨ **et s'il adopte l'attitude congrue, celle qui convient à la situation et que les autres attendent.**

En Bref

Nous sommes mécontents de la disparition de la politesse or nous mécontentons les autres car nous n'en respectons pas tout le temps les règles. Par exemple :

⇨ quand nous ne disons pas bonjour le matin à tous nos collaborateurs ;

⇨ quand nous ne disons pas merci à quiconque (plus jeune ou subordonné) nous donne quelque chose ;

⇨ quand nous ne saluons pas les personnes qui entourent celles à qui l'on veut parler ;

⇨ quand nous omettons de présenter les personnes qui nous accompagnent ;

⇨ quand on évite celui que l'on n'aime pas ou que l'on craint ;

⇨ quand on laisse un message sans réponse ;

⇨ quand nous prenons pour de l'humour notre médisance ou notre vulgarité ;

⇨ etc.

Et, parfois même, nous condamnons ouvertement les règles de politesse parce que :

⇨ nous ne connaissons pas leurs origines primitives ;

⇨ nous ne connaissons pas leurs mécanismes instinctifs ;

⇨ nous trouvons que c'est autoritaire et bourgeois ;

⇨ nous nous appliquons à ignorer celles des autres cultures.

2. Nous rejouons sempiternellement les mêmes scénarios*

> **Chacun d'entre nous écrit sa vie, jour après jour, comme un scénario*.**

Certains produisent un conte de fées, d'autres un thriller, d'autres encore un roman noir, d'autres enfin un recueil de blagues... Ces scénarios nous poussent à reproduire les mêmes schémas, à vivre les mêmes histoires avec le même genre de personnes.

> **Au sein de ces scénarios se déroulent des jeux psychologiques* auxquels nous nous livrons plus ou moins consciemment.**

Ces jeux reproduisent inlassablement, avec des mots et dans des circonstances variables, une même situation. Sous l'apparence d'échanges habituels, ces situations, ni directes, ni franches, mettent en scène trois rôles interchangeables :

Le persécuteur

Il envoie des piques ou fait des allusions qui vont aller toucher les points sensibles (qu'il est très adroit à identifier) de la victime. Ainsi imposera-t-il des règles. Il fera des allusions sexistes, racistes, politiques, etc., devant les personnes dont il sait qu'elles en seront choquées. Il accusera les mieux intentionnés d'être agressifs, intéressés ou sournois. Il attaquera les gens que la victime estime, leur reprochant, précisément, des manquements aux valeurs morales auxquelles celle-ci tient le plus. Il l'incitera, par ce moyen, à agresser ses collègues les plus pacifiques. Il lui reprochera d'être à l'origine, à cause de son attitude ou de son incompétence, de ses décisions négatives : *« À cause de toi, je vais devoir donner ma démission ».*

La victime

Certains l'appellent *« complice »* puisque, si elle ne jouait pas le jeu, le persécuteur n'existerait pas. Soit elle ne sait que se lamenter, se plaint de son manque de chance, affirme qu'elle va faire des efforts, se désespère d'être incompétente, demande pardon. Soit revendique ou ameute ses collègues. Mais elle n'adopte jamais le comportement qui la sortirait du jeu : ne plus y jouer.

Le sauveteur

Il prend la défense de la victime, qui lui propose son aide, qui vient faire les choses à sa place, etc. Le sauveteur agit sans que la victime n'ait rien demandé, et, parfois même, malgré le refus de celle-ci.

C'est celui qui commence un jeu, quel que soit le rôle qu'il adopte, qui incite celui à qui il s'adresse à prendre le rôle complémentaire. Car les rôles ne sont pas définitivement attribués. Au cours d'un jeu, le sauveteur peut devenir persécuteur et *vice versa* :

- *LE CHEF : Tenez, Josie, je rajoute ces dossiers sur votre pile; il faut que ce soit prêt ce soir! (P)*

Il sort…

- *JOSIE : Je suis débordée de travail! Ils me collent sur le dos tout ce que personne ne veut faire. (V)*

- *GINETTE : Quand j'aurai traité ce dossier, je t'aiderai un peu. (S)*

- *JOSIE : Non, non! c'est pas la peine. (P)*

- *GINETTE : Si, attends, fais voir, le dossier Demesmaeker, c'est le plus gros, je m'en occuperai. (S)*

- *JOSIE : Je te dis que c'est pas la peine! (P)*

- *GINETTE : Oh! Toi! Il faudrait savoir ce que tu veux à la fin! Pleurnicharde! (P)*

- *JOSIE : Mais, qu'est-ce qui te prend? Qu'est-ce que je t'ai fait? (V)*

- *GINETTE : C'est toujours pareil! Tu me demandes puis tu veux plus. Tu me fais perdre mon temps! Si t'es pas contente, prends-t'en au chef! (P)*

- *JOSIE : Tu vois, toi aussi tu t'y mets! (V)*

Elle pleure.

Ces échanges sont stériles voire destructeurs. Cependant, certains semblent s'y complaire même s'ils en souffrent. Ils s'y complaisent parce qu'ils croient qu'ils ne peuvent agir autrement. Dans l'exemple précédent, Josie croit que l'essentiel est de montrer qu'elle est méritante, alors que l'essentiel est d'atteindre son objectif. Dans les jeux, on reproche consciemment à l'autre, en fait, de nous fournir exactement ce que l'on attend inconsciemment de la relation. Josie a sans doute besoin de quelqu'un qui la surcharge de travail pour pouvoir montrer qu'elle est méritante; elle a aussi besoin d'un témoin de son mérite, c'est pour cela qu'elle fait remarquer la situation à Ginette. De son côté Ginette, en tant que sauveteur, est en train d'imposer, à travers sa solution, sa vision des choses à Josie; elle empiète sur sa liberté. De plus, la solution qu'elle apporte nuit à l'objectif captateur de commisération de Josie.

En l'absence d'un persécuteur suffisamment efficace, certaines victimes amplifient les agissements de celui qui peut en faire office, et peuvent aller jusqu'à l'inventer de toutes pièces. Elles prétendent qu'il leur téléphone des ordres tous les quarts d'heures alors qu'il le fait peut-être deux fois par jour. Elles s'envoient elles-mêmes des lettres ou des messages électroniques anonymes plus ou moins insultants.

Ginette, quant à elle, croit (comme beaucoup d'entre nous) que les paroles que l'on entend correspondent exactement à la situation du moment et que rien ne se cache dessous. Elle croit aussi que son devoir est d'aider les autres. Elle a besoin d'être entourée de personnes comme Josie qui lui permettent d'assouvir ses pulsions salvatrices. Son inconscient espère aussi pouvoir se valoriser de ces bonnes actions. Aussi se trouve-t-elle frustrée lorsque Josie l'en empêche. C'est pour cette raison qu'elle manifeste son ressentiment à Josie, mais c'est, en fait, plus à elle-même qu'elle en veut; elle est mécontente de s'être trompée et de ne pas atteindre son quota de bonnes actions. C'est pour cela, en réalité, qu'elle s'emporte.

Nous venons d'étudier un exemple qui a toutes les chances de se poursuivre indéfiniment. Dans l'exemple suivant, vous verrez, au contraire, Georges mettre fin au jeu de Jean-Paul en ramenant le débat vers le concret. En effet, le jeu cultive les émotions. Tant qu'on va dans le sens du persécuteur, celui-ci envenime la situation jusqu'à ce qu'il ait son compte, moment où il se transforme en sauveteur et où il dit : « *Bon, ça va pour cette fois !* » ou quelque chose de ce genre. Jean-Paul sera sûrement frustré de ne pas avoir fait durer son jeu selon son bon plaisir et, surtout, qu'on lui ait volé la réplique finale, celle qui donne de lui une image de grand seigneur.

- JEAN-PAUL : *C'est plus possible, j'en ai marre de vous tirer, c'est moi qui fais tout, vous vous laissez vivre ! (P)*
- ERNEST : *Mais qu'est-ce qui te prend, ça fait dix jours qu'on travaille ensemble et tout le monde s'entendait bien ? (V)*
- JEAN-PAUL : *Ouais, c'est parce que je suis patient, mais vous foutez rien, dire que c'est moi qui ai proposé votre candidature ! (P)*
- JOCELYNE : *Mais tu verras, c'est parce qu'on n'était pas habitué, on prendra le rythme. (V)*

Elle se met à pleurer.

- JEAN-PAUL : *Je sais pas pourquoi on s'est mis à accepter les pisseuses dans les entreprises, toujours à chialer ! (P)*
- GEORGES : *Allez, ça suffit maintenant, il n'y a pas de quoi en faire un plat ! (S)*
- JEAN-PAUL : *Eh bien ! toi, t'es gonflé ! Tu me disais hier qu'Ernest et Jocelyne étaient nuls et qu'ils ralentissaient toute l'équipe ! Qu'il faudrait les faire virer et plus jamais rien faire avec eux ! (P)*
- GEORGES : *Je t'ai dit qu'il me semblait qu'ils peinaient, c'est tout, c'est une constatation, pas un jugement. T'es pas responsable du groupe alors arrête tes trucs tordus ! En tout cas, la suite, c'est sans moi !*

Il sort.

Ces jeux sont, le plus souvent, le moyen de ne pas aborder les vrais problèmes ou celui de maintenir une relation avec les autres, lorsque rien de constructif ne la justifie. Toutefois, se complaire dans le rôle de victime conduit, à plus ou moins longue échéance, à des névroses*. Dans un premier temps, on se sent seul, incapable d'être heureux, systématiquement rejeté. On en vient à avoir peur des relations, on se sent persécuté, on ne s'estime plus. La vie nous devient insupportable et on la rend invivable à notre entourage.

La présence de personnes dans un tel état pourrit rapidement l'ambiance d'un service tout entier. Elles peuvent même entraîner un groupe dans leur jeu, lors de réunions, de formations, de missions, ou tout simplement dans leur bureau ou atelier. Envisagez, dans l'exemple 1, un groupe entier à la place de Ginette, imaginez-en les membres s'échauffer réciproquement et mesurez l'ampleur de la zizanie qui s'ensuivra. Dans l'entreprise qui refuse d'examiner l'origine des émotions de son personnel, le problème est insoluble. En effet, améliorer les relations, c'est en premier lieu prendre conscience qu'on est protagoniste de ces jeux.

Mais on ne sort pas d'un jeu qui dure depuis des années en disant *« J'y joue plus »*, comme dans la cour de récréation. Il faut d'abord l'avoir identifié puis en comprendre les causes. C'est en cela que l'ennéagramme (voir p. 107) nous aide. Mieux connaître son propre fonctionnement et savoir qu'il y a d'autres façons de fonctionner permet de se sortir de jeux stériles. Il est, toutefois, plus facile de ne pas y entrer du tout. Après avoir reconnu l'amorce d'un jeu, il suffit de dire : *« Ne comptez pas sur moi pour entrer dans ce jeu ! »* ou quelque chose du genre. Assurez-vous, tout de même, que l'accusation est infondée, que les plaintes sont rituelles et non pas légitimes. En effet, sachez faire la différence avec le jeu d'un pervers (voir p. 70) pour, là, sauver sa victime.

En Bref

Nous perdons beaucoup de temps et d'énergie à reproduire des situations stériles et destructrices dans lesquelles, sous l'apparence d'échange anodins, nous jouons inlassablement les rôles interchangeables de persécuteur, victime et sauveteur. Chacun des protagonistes éprouve malaise et mécontentement à l'issue de ces échanges.

Un jeu démarre quand :
⇨ on a toujours à se plaindre de quelqu'un (voir ennéagramme, p. 89 ; bases ①, ③ et ⑧) ;
⇨ on impose, on critique, on houspille (bases ①, ③ et ⑧) ;
⇨ on est prêt à aider les opprimés sur-le-champ (bases ②, ④ et ⑥).

On peut se douter qu'on a pratiqué un jeu psychologique négatif :
⇨ lorsqu'on est irrité d'avoir perdu beaucoup de temps à discuter avec quelqu'un ;
⇨ lorsqu'on est mal à l'aise sans savoir pourquoi ;
⇨ lorsque, après une rencontre, on éprouve la jubilation malsaine d'avoir coincé notre interlocuteur ou, inversement, l'impression de s'être fait avoir.

3. Nous envahissons sans autorisation un territoire qui ne nous appartient pas

L'éléphant dans un magasin de porcelaine ; voilà bien souvent notre image dans le territoire d'autrui. Nous évoluons effrontément sur des terres qui ne nous appartiennent pas. Certes, nous ne faisons pas *« exprès »* et, la plupart du temps, celui que nous envahissons ne saurait dire précisément l'intrusion qu'il nous reproche. Mais il ressent un malaise mêlé de mécontentement envers l'intrus qu'il aurait eu tôt fait de chasser en montrant les crocs s'il avait été un animal.

Le terrritoire de chacun est à la fois matériel et immatériel.

En effet, comme tout animal, l'homo sapiens se constitue instinctive-ment un territoire qu'il contrôle jalousement mais dont il n'a pas forcément conscience. Son territoire est matériel et plus ou moins conscient : son logement, son bureau, sa voiture, et recèle des posses-sions qu'il défend âprement : ses meubles, ses dossiers, son fauteuil, ses vêtements, son véhicule, son conjoint... ; mais il recouvre aussi un patrimoine immatériel et complètement inconscient. Il s'agit de son savoir et de son savoir-faire mais aussi de sa *« bulle »*[1], cet espace privé qu'il transporte en permanence autour de lui et dans lequel chacun a sa place selon son grade :

Les intimes

Ceux avec qui un contact physique d'affection ou de haine est possible seront admis dans une zone dont le rayon est égal à la longueur du bras tendu. Lorsqu'un inconnu pénètre dans cette zone sans permission, verbale ou tacite, il encourt une réaction d'agressi-vité, exprimée ou pas, selon les circonstances, le rapport hiérarchique des protagonistes ou l'humeur de l'investi.

---

1. Il s'agit ici de la proxémique de l'anthropologue américain Édouard T. Hall (1914-1978) ; d'autres psychosociologues comme Abraham Moles ou Erving Goffman se sont penchés sur cette théorie.

Quelques privilégiés peuvent pénétrer dans l'espace personnel

C'est l'espace qui a pour rayon la longueur de deux bras tendus mis bout à bout et en font partie ceux à qui ont serre la main régulièrement. On toise, généralement, l'intrus qui n'a pas été invité dans ce cercle, jusqu'à ce qu'il justifie sa présence.

Ceux que notre travail ou nos activités personnelles nous amènent à côtoyer sont cantonnés dans l'espace social

Sa frontière est souvent matérialisée par la porte d'un bureau ou la banque d'un guichet. On ne s'intéresse à eux que le moment venu d'échanger quelques informations. Par la suite, on les oublie.

Les inconnus enfin évoluent dans l'espace public

Ceux qui peuvent, éventuellement, à un moment donné, partager un intérêt commun (transport, voisinage, commerces, politique, sport, spectacle, cours…) mais sans être jamais nommés, évoluent dans l'espace public. On peut les côtoyer très longtemps sans échanger un seul mot avec eux, sans même les identifier.

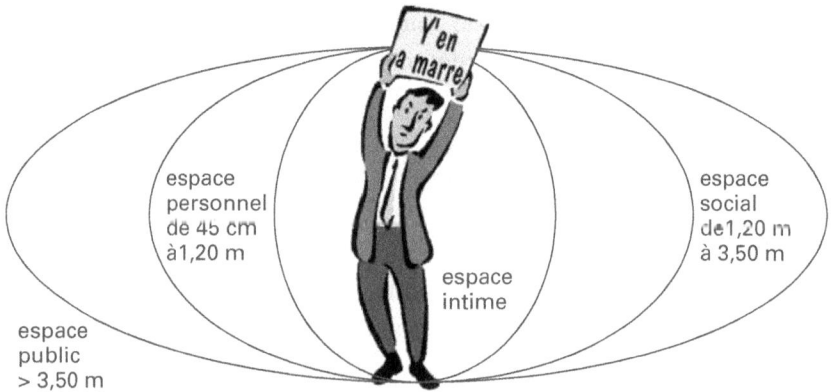

Schéma 15 : Le territoire humain se répartit entre espace intime, espace personnel, espace social et espace public…

On a quelquefois l'intuition que un tel est indiscret, fouineur, sans pouvoir citer un fait qui justifie ce jugement. C'est tout simplement parce qu'il a franchi la limite d'un espace dans lequel il n'était pas attendu. On trouve tel autre arrogant ou prétentieux ; c'est sans doute qu'il a fait une incursion dans notre domaine de compétence… ou soulevé un coin du vernis qui cache notre incompétence. Tel autre encore nous paraît sans-gêne ; n'aurait-il pas posé sa main sur notre bureau ? Ne se serait-il pas, en discutant, appuyé sur notre porte ?

Inversement, si vos collègues semblent vous *« faire la gueule »*, faites votre examen de conscience :

⇨ vous êtes-vous attardé, sans prévenir, dans le bureau de quelqu'un en son absence ?

⇨ avez-vous utilisé, sans autorisation, un objet qui ne vous appartenait pas ?

⇨ vous êtes-vous assis sur un siège sans vous être informé de sa disponibilité ?

⇨ vous êtes-vous aventuré, sans invitation, autour de sa table de travail, du même côté que votre collègue ?

⇨ vous êtes-vous appuyé contre un meuble, un mur ou un véhicule qui appartient à la personne avec qui vous discutiez ?

⇨ avez-vous l'habitude de parler aux gens de très près, les yeux dans les yeux ?

⇨ avez-vous brillamment répondu en public à une question traitant du champ de spécialité d'un de vos collègues ?

⇨ vous êtes-vous, de votre propre chef, occupé d'un point d'organisation dont s'occupe toujours habituellement un de vos collègues ?

⇨ avez-vous posé une question qui a mis un de vos collègues, dont c'est la spécialité, en difficulté ?

⇨ avez-vous discuté ou plaisanté plus longuement que d'habitude avec le ou la confident(e) attitré(e) d'un de vos collègues ?

Vous auriez ainsi, certes bien involontairement, manifesté abusivement vos droits de propriété sur ces objets ou ce territoire, et, par conséquent, provoqué leur légitime propriétaire qui, de son côté, vous en veut sans savoir exactement pourquoi, puisque tout cela est du domaine de l'inconscient.

┌─── **En Bref** ───────

L'être humain n'est pas conscient d'avoir, comme l'animal, un territoire qu'il défend. Pourtant, il est très mécontent lorsque :

⇨ quelqu'un, qu'il n'a pas lui-même invité, pénètre dans ses locaux ;

⇨ quelqu'un, à qui il ne l'a pas autorisé, se sert des objets (au sens large) dont l'usage lui est habituellement réservé ;

⇨ quelqu'un l'éclipse dans son domaine de compétence.

4. Nous proférons trop facilement la « phrase qui tue »

Depuis très longtemps, les philosophes puis les psychologues ont classé nos réactions possibles à une situation, en trois catégories[1]. Cette schématisation permet de réduire les cas de figure et, par conséquent, d'appréhender plus facilement le mécanisme des interactions.

4.1. Nos jugements arbitraires enveniment la situation

Les attitudes programmées établissent des relations à des signes = ou ⇒

Pour ne pas avoir à préférer le vocabulaire de l'un ou de l'autre d'entre ces théoriciens, appelons attitudes programmées (P) celles qui sont le fruit d'une déduction inconsciente rapide, inspirée par nos acquis passés. Par exemple : *« Il m'est arrivé de donner une seconde chance à un collaborateur et je l'ai regretté ; je ne donne plus de seconde chance ! »*, qui devient rapidement : *« Il ne faut jamais donner de seconde chance ! »* ou *« Les personnes du milieu auquel tu appartiens sont hypocrites »*, qui devient à la première suspicion : *« Tu es bien comme les autres ! »* Celui qui privilégie les attitudes programmées

---

1. Platon (428-348) : l'irascible, le désir et l'esprit ; Thomas d'Aquin (1228-1274) : la volonté, l'affectivité et l'intelligence ; Max Weber (1864-1920) : les actions traditionnelles, les actions affectives et les actions rationnelles ; Éric Berne (1910-1970) : l'état parent, l'état enfant et l'état adulte ; Vilifredo Pareto (1848-1923) s'était contenté des dérivations (P) et des résidus (E).

établit des relations mécaniques entre les faits et les concepts en plaçant des signes = (égale) ou ⇒ (implique). Pour lui, tout a un lien dans son capital de connaissances ; rien n'est à rechercher en dehors.

Cela conduit à des jugements arbitraires

Dans le feu de l'action, il a donc, le plus souvent, tendance à exprimer le résultat d'une déduction – rapide et inconsciente – plutôt que son ressenti. En effet, un *« Finalement, tu es bien comme les autres ! »*, répliqué apparemment du tac au tac, est issu du travail de l'engrenage de nos préjugés, de notre vision du monde, de notre expérience passée, de nos habitudes, des usages de notre milieu et de la conjoncture du moment. Cependant, alors que le ressenti est personnel et légitime, de quel droit nous permettons-nous d'émettre un jugement, même positif, sur autrui ? D'ailleurs, ces jugements arbitraires, en réponse à un constat, provoquent chez notre interlocuteur une réaction négative, qui, non seulement bloque la communication, mais aussi engendre une situation tendue souvent pour très longtemps.

a) La réaction programmée (P) entraîne une autre réaction programmée (P) :

– Ce n'est pas comme ça qu'il faut faire ! (P)

– Eh bien ! moi, j'ai toujours fait comme ça, il faudra vous y habituer ! (P)

b) La réaction programmée (P) entraîne une réaction émotionnelle (E) négative :

– Ce n'est pas comme ça qu'il faut faire ! (P)

– Tu t'es bien regardé, sous-produit de la promotion canapé ! (E)

c) Au mieux, la réaction programmée (P) entraîne une réaction analytique (A) :

– Ce n'est pas comme ça qu'il faut faire ! (P)

– N'est-ce pas le résultat qui compte ? (A)

Système des valeurs

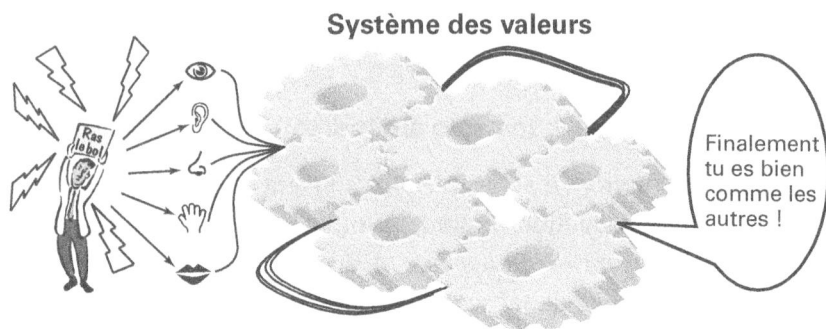

Schéma 16 : Une situation (ici un homme en colère), perçue par nos cinq sens dans une conjoncture donnée, est broyée par notre système des valeurs (qui n'est autre que l'engrenage de nos préjugés, de notre vision du monde, de notre expérience passée, de nos habitudes, des usages de notre milieu…) et donne naissance à un jugement arbitraire.

4.2. Nos émotions ne sont pas toujours partagées et leur expression peut être violente

Les attitudes émotionnelles nous sont dictées spontanément par nos émotions du moment. Par exemple : «*J'ai pas envie!*» ; «*Il m'énerve!*» ; «*J'en ai marre!*» ; «*Je suis heureux !*»…

Quand nous nous laissons aller à la spontanéité, lorsque nous exprimons notre état d'âme (colère, mépris, haine, envie, mais aussi joie…) sans retenue, nous pouvons aussi engendrer un mécontentement durable. Non seulement lorsque nous exprimons violemment un sentiment désagréable directement à son auteur, mais aussi lorsque nos élans ne sont pas partagés par notre interlocuteur :

a) L'attitude émotionnelle (E) induit une autre attitude émotionnelle (E) :

— *Je n'ai pas envie d'aller à ce séminaire ! (E)*

— *Tu gonfles ! (E)*

b) L'attitude émotionnelle (E) induit une réaction programmée (P) :

— *C'est merveilleux, on s'entend tellement bien, on devrait dîner un de ces soirs ! (E)*

— *Je ne mélange jamais travail et vie privée ! (P)*

c) Au mieux, l'attitude émotionnelle (E) induit une attitude analytique (A) :

— *Je ne peux pas supporter Gourdet, qu'est-ce qu'il est con ! (E)*

— *…(Je ne réponds pas, je ne veux pas entrer dans son jeu)… (A)*

Mais parfois aussi nos excès d'enthousiasme incommodent, non seulement parce qu'ils sont excessifs, mais parce qu'ils peuvent concerner un objet envers lequel, précisément, notre interlocuteur est mal disposé.

— *Chouette ! on va réorganiser le service tous ensemble ! (E)*

— *C'est très bien comme c'est et ces réunions c'est de la manipulation ! (P)*

En outre, nous ignorons presque tous que la pitié n'est pas le summum de l'amour pour nos semblables, mais bel et bien l'expression de notre supériorité envers ceux qu'on juge incapables et qu'on estime devoir protéger. Pour peu que ces personnes ne vous reconnaissent pas ce droit ou ne se sentent aucunement pitoyables, votre pitié pourrit une situation que vous vouliez améliorer. Vous blessez la fierté de celui à qui vous prodiguez votre pitié, vous l'humiliez et, pire encore, vous le dépréciez aux yeux d'autrui. Si vous avez voulu l'aider à gérer son équipe en dévoilant à ses collaborateurs ses difficultés personnelles, vous n'avez fait que l'inférioriser, que mettre en péril son autorité. Il sera désormais le faible, comme le prof de notre enfance qui avait demandé de l'aide au proviseur et qu'on chahutait de plus belle.

– *CHEF DE SERVICE : La grille des astreintes ne vous convient pas? Pourtant, votre chef d'équipe fait de son mieux, le pauvre, il est nouveau mais il s'applique, vous savez. (E)*

– *CHEF D'ÉQUIPE : Vous voulez bien me laisser régler moi-même ce problème! (A)*

4.3. Prendre du recul permet d'éviter les inconvénients précédents

Les attitudes analytiques (A) sont l'aboutissement de l'observation neutre des faits, suivie de l'analyse objective de ces faits.

Dans un premier temps, la situation est examinée en maîtrisant les deux premières catégories d'attitudes. Nous nous retenons de réagir spontanément en fonction de nos émotions (E) et nous nous empêchons de chercher une réponse programmée (P). Cela fait, nous essayons de voir la situation du point de vue des autres protagonistes. Dans un second temps seulement, nous analysons les faits à la lumière de notre savoir (P) et de notre ressenti (E). Enfin, nous inventons (E) la conduite à tenir en tenant compte de notre analyse.

Cette dernière attitude paraît souvent bien lourde à mettre en œuvre. Or, avec un peu de pratique, son engrenage tourne aussi rapidement que celui des attitudes programmées. D'autant plus que la réponse analytique à une attitude consiste souvent à poser une question ou à reformuler les propos de l'interlocuteur.

── En Bref ──────

Si nous nous appuyons sur notre acquis passé pour gérer une situation, nous fournissons une réponse programmée (P) fondée sur des préjugés, des stéréotypes, des habitudes... Celle-ci se concrétise, le plus souvent, en un jugement arbitraire qui a toutes les chances de mécontenter notre interlocuteur.

Si nous nous laissons aller à nos émotions (E), nous pouvons être violents ou exprimer une émotion qui n'est pas partagée ou qui est humiliante pour notre interlocuteur, et, ainsi, le mécontenter.

Seules les attitudes analytiques (A) nous préservent des inconvénients précédents. Elles consistent, le plus souvent, en une reformulation ou une question ouverte.

5. Nous ne connaissons que l'amitié parfaite ou la haine

Dans notre vie professionnelle, nous refusons bien souvent de faire l'effort de cultiver les relations positives alors que nous sommes tout à fait capables de le faire dans notre vie personnelle. Nous nous imaginons que quelqu'un que nous n'aimons pas, *a priori*, est quelqu'un avec qui nous ne pourrons jamais nous entendre. Pourtant, la vie au travail, qui occupe la majeure partie de nos journées, nous demande de côtoyer, d'interroger, d'écouter, des personnes que nous n'avons pas choisies. Elle nous demande même, souvent, de réfléchir en commun puis de décider ensemble. Lorsque nous ne pouvons pas éviter ceux qui ne nous plaisent pas, nous méprisons leurs suggestions quand nous ne prenons pas le contre-pied de leurs propositions. Ainsi, nous les faisons râler et ils nous le rendent bien.

Or, dans notre vie privée nous faisons souvent l'effort de rechercher le terrain d'entente, avec les membres de notre belle-famille, par exemple, avec les amis que nous présentent nos amis. Nous nous y employons pour ne pas gâcher notre vie de couple ou, simplement, une soirée. Il est donc possible de collaborer vers l'atteinte d'un objectif commun avec quelqu'un qui ne présente, a priori, aucune affinité avec nous.

Il est, certes, impossible d'aimer chacun de nos collègues de travail. Ils sont trop nombreux, trop différents entre eux, trop différents de nous. Ils n'ont pas les mêmes intérêts que nous, d'ailleurs ils ont choisi de développer des compétences professionnelles diverses. Ils ont une autre conception de la vie, des goûts différents… en dehors des deux ou trois qui sont nos copains. De plus, ils occupent quelque-fois une position hiérarchique qui met une barrière entre eux et nous : on ne copine pas plus avec le chef qu'on ne fraie avec les subordonnés !

Un espace positif se dessine si l'on accueille des personnes sans *a priori* négatif en se concentrant sur leurs compétences.

Mais personne ne nous demande de les aimer sur commande ! Ce n'est pas ce dont il s'agit. Il s'agit, dans un premier temps, d'accueillir sans *a priori* négatif des personnes que, certes, nous n'aurions même pas cherché à aborder dans la vie privée. Pourquoi poser, à la première rencontre, les fondations du mur qui va définitivement nous séparer et que nous continuerons à construire à chaque entrevue à coup d'allu-sions, d'oppositions, de refus… Il s'agit, dans un deuxième temps, de s'attacher à réussir le projet qui nous réunit en se concentrant sur les compétences physiques, intellectuelles et morales de chacun. Ainsi se déterminera un espace positif au sein duquel la coopération sera possible :

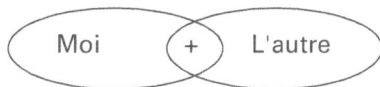

Moi + L'autre

En effet, nous avons tous les richesses et les limites inhérentes à nos compétences. Par exemple, nous ne nous sommes pas orientés vers la mécanique, même à très haut niveau, parce que nous aimions la littérature, mais parce que nous sommes plus heureux dans les réalisations concrètes. Tel autre s'est orienté vers l'administratif parce qu'il se plaisait dans les écritures et réussissait dans l'organisation. Dans un travail collectif, il faut d'abord admettre que nous avons besoin, pour qu'il soit réalisé au mieux, de l'assemblage de ces diverses compétences comme des différents rouages d'une machine.

L'espace positif s'agrandit avec la connaissance des ressources de chacun.

Dans un troisième temps, en s'appliquant à cultiver notre connaissance des ressources de nos partenaires et en leur donnant l'occasion d'évaluer les nôtres, cet espace positif s'agrandira. En effet, si nous nous concentrons sur la recherche des ressources qui vont permettre de fournir conjointement un travail de qualité, nous en trouverons plus que nous n'aurions cru et les divergences finiront par ne plus nous intéresser.

Moi + L'autre   +

En Bref

Il est tout à fait possible au travail, sans exiger une parfaite harmonie avec nos collègues, de ne pas leur reprocher, ouvertement ou non, en permanence, ce qu'ils ont d'incompatible avec nous, leurs faiblesses ou leur supériorité.

Il est tout à fait possible de se concentrer sur les ressources utiles de chacun, celles qui vont permettre de fournir conjointement un travail de qualité et de refuser de s'attacher aux divergences. Un avocat, par exemple, n'approuve qu'exceptionnellement son client.

Être ouvert à l'autre et prioriser l'atteinte de l'objectif plutôt que les humeurs sont les conditions d'une entente nécessaire à la réalisation du travail.

6. La tête dans le guidon, nous ne voyons que ceux dont nous avons besoin dans l'immédiat

Durant la phase de recherche des causes d'un conflit, lorsqu'on s'informe auprès des protagonistes, on s'attend à la description d'une somme d'actes malintentionnés. Cependant, on s'entend plutôt exposer des griefs qui pourraient paraître anodins comme : *« Il ne dit même pas bonjour ! »* Trop de hâte peut faire juger cette remarque hors de propos, voire puérile. On n'y voit que le sempiternel débat autour du respect de la politesse. Il faut pourtant s'y attarder car elle revient à dire : *« On est des êtres humains, on est entre égaux et cette personne-là veut nous démontrer le contraire : elle nous méprise ! »*. Dire *« bonjour »* est, par exemple, une marque de reconnaissance positive, le petit rien qui montre que tout va bien et que nous sommes conscients d'être entre individus de la même espèce.

Or, combien négligent ces marques de reconnaissance positives ! Ils entrent, par exemple, dans un bureau paysager, s'adressent uniquement à la personne qu'ils sont venus voir, sans prêter attention aux autres occupants. Ils parlent devant un tiers de choses dont celui-ci ignore les tenants et les aboutissants. Ils considèrent les activités de leurs collaborateurs comme un dû auquel on ne prête attention que lorsqu'ils se sont trompés, moment auquel il ne faut pas négliger de sanctionner. Or, dans la vie, chaque individu est en permanence à la recherche de marques de reconnaissance, positives de préférence.

En effet, il existe des marques de reconnaissance positives et des marques de reconnaissance négatives. Réprimander quelqu'un est, par exemple, une marque de reconnaissance. En effet, on reconnaît l'existence de celui qu'on critique, qu'on sermonne, qu'on punit, qu'on blâme, qu'on rembarre, qu'on brime, qu'on malmène, qu'on insulte, qu'on harcèle, qu'on maltraite, qu'on brutalise... Et, pour n'importe quel individu, depuis son enfance, les marques de reconnaissance sont indispensables.

Une marque de reconnaissance négative est préférable à l'indifférence.

Le summum du mal qu'on puisse faire, en tant qu'être humain, à un autre être humain, c'est l'ignorer.

Pour obtenir ces marques de reconnaissance indispensables à sa survie psychologique, l'être humain est capable de tout, y compris d'avoir des comportements qui attirent les marques de reconnaissance négatives lorsqu'on se refuse à lui en donner de positives. Il est systématiquement absent ou en retard, il se trompe, ne fait pas entièrement son travail, houspille ses collègues…

La solution semble simple, diront certains : *« Y a qu'à en donner ! »*, mais c'est peut-être pour des raisons complexes elles aussi que certains s'y refusent. Ils n'en reçoivent pas eux-mêmes ou croient qu'on doit garder ses distances au travail ou encore croient poli d'attendre que les autres prennent l'initiative… Si l'on ne connaît pas cette théorie, on ne voit aucune raison de rectifier sa conduite.

Les marques de reconnaissance sont donc des paroles, des signes, des attitudes qui émanent d'un individu et qui démontrent à un autre individu qu'il existe, qu'il a une importance pour le premier. C'est, par exemple :

- une félicitation (méritée),
- un remerciement,
- une approbation (à bon escient),
- des excuses (justifiées),
- un sourire,
- un regard,
- une poignée de main,
- un *«Bonjour»*,
- une explication,
- de l'intérêt pour ses activités,
- une attention appropriée,
- l'écoute,
- etc.

Mais attention, il ne s'agit pas de flatterie. La marque de reconnais-sance doit être sincère, appropriée, personnalisée, dosée, justifiée. Être *« sympa »* parce qu'on a plaisir à plaire n'est pas, par exemple, une marque de reconnaissance envers autrui.

--- **En Bref** ---

Nous mécontentons notre entourage lorsque nous l'ignorons, plus que lorsque nous l'agressons. Cependant, nous n'en avons pas conscience et sommes à notre tour mécontents et surpris des réponses de nos interlocuteurs. Ils se mettent, en effet, à avoir une attitude négative pour obtenir une quelconque attention, ne serait-ce que pour une fois ?

7. Nous abordons l'autre dans notre registre, pas dans le sien

Nous sommes très peu à être attentifs à l'humeur de nos interlocuteurs et les abordons avec un excès d'enthousiasme ou un excès de froideur qui correspond à notre disposition du moment et non à la leur. Sans nous préoccuper des valeurs morales qu'ils défendent ou de leurs convictions, nous les accostons en triomphant de l'échec de leur équipe sportive ou de leur candidat politique préférés, nous dénigrons, pensant qu'ils ne peuvent qu'être d'accord, des personnes qu'en fait ils admirent.

> **Nous sommes donc rarement sur la même longueur d'onde que notre entourage.**

Nous attisons ainsi le mécontentement général et sommes cause du nôtre qui s'ensuivra.

> **Nous négligeons également d'identifier le registre d'expression de nos interlocuteurs ce qui, pourtant, nous permettrait de leur exprimer nos pensées selon leurs propres représentations et de cultiver une apparence et une ambiance qui ne rebutent personne.**

En effet, nous percevons le monde à travers nos cinq sens[1], mais nous en privilégions un. Notre préférence (inconsciente) transparaît, par exemple, lorsque nous restituons ce que nous avons perçu. À cet effet, nous utilisons un vocabulaire qui trahit le canal privilégié.

Par exemple :

Vision

Celui qui privilégie le canal de la vue utilisera un vocabulaire en rapport avec ce sens : voir, regarder, montrer, cacher, clarifier, éclairer, visualiser, distinguer, discerner, percevoir, perspective, image, tableau, diagramme, cliché, plan, portrait, clair, lumineux, sombre, brillant, coloré, chatoyant, vague, flou, net, clairement, vaguement...

Audition

Celui qui privilégie l'ouïe dira plutôt : entendre, ausculter, auditer, parler, dire, discuter, articuler, vociférer, écouter, questionner, sonner, dialogue, accord, désaccord, audition, entretien, discussion, bruit, rythme, tonalité, mélodieux, accordé, musical, discordant, bruyamment...

---

1. Cette théorie s'inscrit dans la programmation neurolinguistique (PNL) de Richard BANDLER et John GRINDER, The Structure of Magic,, 1975 (2 vol.).

Kinesthésie

Ce sens implique le toucher, les mouvements et les sensations internes comme l'équilibre et la pesanteur. Celui qui le privilégie emploie plutôt : sentir, toucher, palper, effleurer, frôler, caresser, manier, manipuler, manœuvrer, pression, contact, jonction, rencontre, construction, édifice, acteur, concret, ferme, sensible, insensible, tendre, solide, mou, soyeux, velouté, instable, blessé, relaxé, chaleureux, froid, sensiblement...

Odorat

Ce sens est indissociable du goût ; celui qui le privilégie prononce de préférence : sentir, embaumer, goûter, flairer, renifler, humer, respirer, avoir du goût, avoir du nez, le sel de la vie, effluves, arômes, fumet, miasmes, émanations, parfums, relents, exhalaisons, piquant, odorant, amer, mielleux, nauséabond, puant, suave, une affaire qui sent mauvais, je ne peux pas le sentir...

Visuel, auditif, kinesthésique et olfactif se révèlent à travers leur vocabulaire parce qu'ils perçoivent à travers leur sens privilégié et sont donc plus attentifs à ce qui stimule ce sens. Ainsi, le visuel est sensible à l'ordre, à la tenue, au vêtement, à la coiffure, aux formes, aux couleurs ; l'auditif au ton de la voix, à la puissance de celle-ci, au bruit de fond, au bruit de pas, au cliquettement intempestif de votre stylo. Le kinesthésique, lui, est réceptif à la moiteur de la main, à l'énergie de votre poignée de main, à votre célérité, à la texture du siège que vous lui offrez. L'olfactif, enfin, pourra être incommodé par votre parfum, par l'odeur laissée sur vos vêtements par votre récent passage au restaurant, par les relents de produits lessiviels ou de vieille cigarette planant dans votre bureau... Que de détails négligeons-nous qui sont susceptibles d'incommoder nos interlocuteurs !

De plus, nous nous exprimons toujours sur le même niveau de langage et sommes définitivement qualifiés de bêcheurs ou de rustres selon que notre interlocuteur a trouvé notre niveau de langage trop soutenu ou pas assez. Ressentir cette distance peut mettre, fâcheusement, notre interlocuteur dans de mauvaises dispositions envers nos propos. Il existe trois niveaux de langage entre lesquels on devrait savoir moduler notre expression, la rendant plus ou moins soutenue :

⇨ Le langage soutenu emploie un vocabulaire précis et recherché, parfois désuet :

« Hier, à la brune, je me suis sustenté d'un sot-l'y-laisse de galli-nacé accompagné de papilionacées et je me suis désaltéré d'un verre de vin de Beaujolais. »

⇨ Le langage médian, qui doit être la référence :

« Hier soir, j'ai mangé du poulet aux haricots et j'ai bu un verre de Beaujolais. »

⇨ Le langage négligé qui ne se préoccupe ni de correction grammati-cale, ni de compréhension universelle, ni de chasse à la vulgarité :

« Hier soir, j'ai graillé du piaf avec des fayots et je m'ai envoyé un coup de beaujolpif derrière la cravate. »

Nous ne sommes donc que rarement synchrones, nos postures également le révèlent. En effet, deux personnes *« en phase »* ont tendance, inconsciemment, à prendre les mêmes attitudes, comme si chacune voyait dans l'autre son reflet dans un miroir. Observez ce comportement dans un lieu où l'on se détend, un bar, par exemple. Soyez attentif aux personnes qui discutent à deux : l'un s'accoude, l'autre fait de même ; le premier croise ses jambes, l'autre aussi. Ce comportement n'a rien d'artificiel ! Mais on peut l'adopter avec subti-lité, c'est-à-dire sans caricature.

En Bref

Nous négligeons des détails qui nous permettraient d'éviter les perceptions négatives de nos interlocuteurs et réduiraient ainsi les causes de mécontentement. Par exemple :

⇨ Nous ne nous préoccupons pas de l'humeur d'autrui et lui imposons la nôtre.

⇨ Nous ne connaissons qu'un circuit de perception : le nôtre, et ne fignolons pas notre apparence (ni celle de nos locaux) afin qu'elle soit perçue positivement par tous les circuits.

⇨ Nous n'avons qu'un registre de langage ; le nôtre. Nous n'admettons pas qu'on ne nous comprenne pas et sommes mécontents de mal comprendre l'expression des autres.

8. Nos gestes nous trahissent

Toujours parce que l'*homo sapiens* est un animal évolué, parce qu'il raisonne et qu'il communique à l'aide d'un langage articulé, il n'a pas conscience qu'il utilise parallèlement un langage du comportement. Il ne s'agit pas des gestes convenus, ceux qui servent à remplacer la parole comme hocher la tête pour dire *« oui »*, montrer le nombre de doigts qui correspond au chiffre qu'on veut faire connaître ou symboliser une obscénité en guise d'insulte. Ces gestes là ne sont ni inconscients ni universels ; croire qu'ils sont interprétés partout de la même façon peut entraîner des malentendus. Par exemple, commander cinq cafés, en Grèce, en déployant ses cinq doigts en direction du garçon, peut être pris par celui-ci pour une insulte grave. Ce geste est, en effet, là-bas, le symbole d'un jet d'excrément à la face de l'interlocuteur. Ainsi, les insultes codées diffèrent selon les cultures tout comme la façon de dire *« Oui »* ou *« Non »* ou *« Il me rase »* ou *« Il est saoul »* ou *« Il est idiot »*.

> **Les gestes qui nous trahissent sont, quant à eux, innés et inconscients. C'est-à-dire que nous ne les produisons ni ne les percevons consciemment. Cependant, nous les comprenons, et de manière universelle, car ils sont propres à l'espèce et non à une culture comme les précédents.**

Lorsque nous avons l'« *impression* », l'« *intuition* », le « *sentiment* » que notre interlocuteur nous ment, qu'il ne nous croit pas ou qu'il veut nous manipuler, c'est parce que nous avons inconsciemment perçu une attitude qui exprimait ces réalités.

Notre langage du corps est, quand on veut bien y prêter attention comme on sait le faire pour nos animaux domestiques, aussi explicite que la position des oreilles d'un chien : dressées quand il est sûr de lui, rabattues dans la crainte. La position des mains d'un conférencier, par exemple, est significative. Il fait cesser le brouhaha de sa main tendue la paume vers le bas, mais il fait passer ses propos ses mains écartées la paume vers le haut. La première des positions exprimant l'autorité, l'autre la confiance. Soyez plus attentif à la façon dont on vous tend la main pour vous la serrer, certains la penchent à droite, dévoilant la paume, d'autres la penchent à gauche, dévoilant le dos…

Ainsi le regard fixe, le doigt pointé (qui, éventuellement, martèle la poitrine de l'interlocuteur), la mâchoire contractée, sont des signes humains d'agressivité. Le regard détourné, les mains imbriquées, les bras croisés, les jambes entortillées, sont des signes de fermeture, de méfiance. Lorsque nous adoptons cette position, nous signifions qu'il est hors de question que nous portions une quelconque attention à ce qu'on nous force à entendre. Le regard vague, le maintien négligé (la tête soutenue par la main, par exemple), les doigts qui tapotent la table, sont des signes d'ennui qui peuvent vite passer pour du mépris ou de l'indifférence.

C'était donc pour des raisons psychologiques, bien qu'elle-même ne l'ait jamais su, que notre maman nous interdisait de montrer du doigt, de regarder les gens fixement dans la rue ou de ne pas mettre les pieds sur la table. C'était pour cela aussi qu'on était repris à l'école lorsqu'on soutenait sa tête en écoutant les leçons.

L'agressivité se repère vite, pensez-vous, il n'est pas besoin de répertorier ces détails. Certes, si agressivité il y a. Mais s'il n'y a pas agressivité et qu'une de nos attitudes inconscientes a été décryptée inconsciemment à tort, comme étant agressive ou méprisante, ne trouvez-vous pas fort ennuyeux qu'un mécontentement durable s'installe sur une simple méprise? Le plus important n'est donc pas d'analyser les autres, mais de savoir quel est celui de nos gestes, de nos regards, de nos airs qui a mis notre interlocuteur dans de mauvaises dispositions.

En Bref

Nous exprimons, inconsciemment, par nos gestes, nos attitudes, nos mimiques, nos regards, beaucoup plus que nous le pensons. Il n'est pas question de prétendre utiliser la *«conscientisation»* du langage du corps pour prédire les intentions d'un interlocuteur ou pour classer nos collaborateurs en gentils et méchants. Il est simplement question d'augmenter notre vigilance :
➪ pour ne pas interpréter hâtivement le comportement d'autrui ;
➪ pour ne pas produire, à notre tour, des comportements interprétables à l'encontre de nos intentions.

Troisième partie

●

Rompez le cercle
des râleurs réunis

7

●

Prévenez les jérémiades

1. Annoncez les projets et explicitez leurs motivations (transparence)[1]

Le plus astucieux des stratagèmes, c'est dire la vérité.

Face à des personnes de plus en plus instruites et informées, la rétention d'information est tout aussi inefficace que le titre de «*chef*» inscrit sur une casquette – de nos jours virtuelle – pour asseoir son autorité.

Le temps du bâton et de la carotte est révolu car on s'est aperçu que ce vieil outil pédagogico-managérial conduisait à des comportements aberrants du type feinte : vite attraper la carotte en évitant le bâton, ou passivité : se placer à égale distance de l'un et de l'autre pour ne pas se fatiguer à attraper la carotte tout en restant hors d'atteinte du bâton.

La loi, préhistorique, du plus fort, supplantée au siècle de l'industrie par la loi du plus fortuné, est en train de faire place à la loi du mieux informé et du plus «*communicant*». Il ne s'agit donc plus de thésauriser une information – par définition éphémère – mais de la diffuser rapidement, au plus grand nombre, quoiqu'à bon escient, de manière à l'exploiter collectivement dans l'intérêt commun qui est le développement de la structure à laquelle on appartient. Par conséquent, la délégation[2] doit définitivement cesser d'être une simple répartition des tâches pour être une réelle consignation de pouvoir. Les compétences individuelles, plutôt que nivelées par la standardisation, doivent être mises en valeur par l'octroi d'un pouvoir temporaire, le temps d'un projet, ce qui ne nuit en rien au pouvoir centralisateur du responsable hiérarchique.

Diffuser l'information motive, réduit le mécontentement et, par cela même, fait progresser l'entreprise.

Cette évolution demande à l'être humain un effort colossal, non pas pour s'informer, car il dispose, de nos jours, de

---

1. La transparence, ce n'est pas faire des révélations à tort et à travers ; c'est fournir un motif cohérent pour une action, c'est exposer un objectif, c'est établir des règles de communication interpersonnelle claires, équitables, et les respecter ; c'est ausi dire quand on intègre une donnée nouvelle qui modifie le cap.
2. Voir «*Déléguer*» de Savel S., Gauthier J.-P. et Bussière M., Éd. d'Organisation, 2000.

> **moyens impressionnants grâce à la technologie et aux réseaux de données informatiques, mais pour oser renoncer à ce qui a fait le pouvoir de ses prédécesseurs : le mutisme assorti de bluff.**

Il craint, en effet, d'octroyer ainsi à ses collaborateurs les moyens de saper son autorité. Cependant, ceux qui ont communiqué ont évité des conflits ; ceux qui ont annoncé eux-mêmes ce dont on allait les accuser sont ceux qui se sont le mieux sortis de crises médiatiques. La « *transparence* » est le pouvoir de l'avenir.

Ce qui est valable à grande échelle l'est forcément à taille réduite, dès le premier échelon de responsabilité (c'est aussi valable en dehors de l'entreprise : dans les écoles, les universités, les familles…). Ainsi, en dehors des rapports hiérarchiques, dans les relations entre collègues, améliorer la transparence améliore les relations. Attention, la transparence n'est pas l'étalage incessant de problèmes personnels que pratiquent certains collaborateurs ; ce n'est pas, non plus, le déballage désordonné de préjugés et d'antipathies. C'est la transmission des informations nécessaires à l'accomplissement du travail, l'expression claire et polie des contrariétés avant qu'elles ne deviennent trop fortes.

Ne pas faire	Faire
Ne jamais donner d'informations.	Informer largement sur tout ce qui peut influer sur l'avenir de l'entreprise.
Donner des informations partielles.	Annoncer les projets
Donner des informations fausses.	Expliciter les raisons des changements.
Donner des informations différentes selon les jours, les services ou selon les personnes.	Faire participer les collaborateurs, après les avoir informés correctement, aux décisions qui les concernent.
Rejeter sur d'autres la responsabilité du manque d'information.	Déléguer vraiment, avec formation et informations à l'appui.
Ne jamais dire son avis.	Avouer les erreurs le plus tôt possible en même temps que l'exposé des actions correctives entreprises.
Se raconter à tort et à travers.	Dire ce qu'on pense et faire ce qu'on dit.

Déballer inconsidérément ses rancœurs et ses antipathies sous prétexte de franchise.	Expliciter ses opinions.
Imposer ses opinions.	Dire à bon escient et avec diplomatie.

2. Donnez – et donnez-vous – des permissions

Le mieux est l'ennemi du bien.

Celui qui n'ose pas faire quelque chose par peur d'un résultat qui ne correspondrait pas à son attente est mécontent de ne pas oser et, s'il ose, il est mécontent lorsque le résultat ne lui convient pas. Celui qui est en face de cette personne est mécontent qu'on lui oppose une attitude qu'il ne souhaite pas et dont il ne comprend pas la provenance. Le mutisme, le détour, l'incertitude, l'hésitation, agacent et sont taxés d'hypocrisie alors qu'ils ne sont bien souvent que le résultat de peurs : peur de ne pas savoir, peur de se tromper, peur de faire de la peine, peur de tout gâcher, peur d'être ridicule, peur de ne plus pouvoir revenir sur la décision, peur d'avoir peur…

Maîtrisez donc ces peurs et dites ou faites les choses, quitte à vous tromper, l'erreur est humaine. Le cas échéant, vous direz clairement : *« Je me suis trompé, je vous prie de m'excuser si cela vous a causé des ennuis »* (ne vous excusez pas de vous être trompé, vous en avez le droit, mais des conséquences de votre erreur). Si en votre présence quelqu'un, qui ignore que l'erreur est de votre fait, la commente en ces termes *« Ils se sont trompés »*, reprenez-le en disant : *« Ils, c'est moi. »*

Reconnaître ses erreurs grandit.

Mais pourquoi devriez-vous en commettre ? Vous êtes tout à fait capable de ne pas vous tromper.

Posez dès le départ l'axiome d'après lequel vous n'êtes pas infaillible, comme n'importe quel être humain. Mais parallèlement déployez des actions qui montrent vos compétences ; qui montrent que vous ne faites pas vos déclarations au hasard, que vos intentions ne sont pas manœuvrières, que vous ne jouez pas un jeu destiné à amadouer votre entourage. Ne soyez pas avare des informations qui sont utiles à vos collaborateurs, mais également de celles qui les rassurent, de celles qui les motivent en leur explicitant leur rôle. Tout le monde a besoin d'aménager son avenir, il ne peut le faire si une pièce du puzzle lui manque.

N'ayez pas peur du ridicule, oubliez ce souci d'être conforme à l'image souhaitée par d'autres. Soyez vous-même, osez affirmer par vos actes vos goûts, vos opinions.

> **Tout est possible si vous n'exigez pas que les autres pensent comme vous et si vous affirmez, par ailleurs, votre compétence.**

Expliquez à ceux qui vous critiquent qu'ils sont victimes d'un effet de halo* et qu'on peut parfaitement être diplômé d'une grande école, se réjouir de suivre « *Magnum* » à la télévision et ne pas se plaindre des menus du restaurant d'entreprise, ou être un comptable irréprochable, aimer le hard-rock et la nourriture raffinée, ou être une jeune hôtesse séduisante, lire du Proust et être catholique pratiquante.

Osez dire que vous ne savez pas, que vous ne connaissez pas, que vous ne savez pas faire. Vous en avez le droit, même s'il s'agit de connaissances professionnelles ; elles peuvent être postérieures à votre formation. L'encyclopédie vivante et l'*homo universalis* n'existent pas ; seul le « *touche à tout* » existe et le savoir et le savoir-faire de ce dernier sont superficiels. Montrez néanmoins que vous savez et savez faire beaucoup de choses pointues dans votre domaine et que vous avez la volonté d'évoluer, d'apprendre, que vous savez le faire et que vous savez où trouver les informations qui vous manquent.

Ne négligez pas les sept huitièmes de votre travail pour en faire le huitième à la perfection. D'abord, vous n'y arriverez pas car rien n'est jamais parfait et vous serez loin d'être parfait dans l'intégralité puisque vous aurez inachevé ou bâclé la plus grande partie de votre tâche. Ensuite, vous mécontenterez, à coup sûr, celui (client ou responsable) qui attend le résultat de ce travail. Sans compter que vous ne serez, vous-même, jamais satisfait puisque la totalité ne sera jamais parfaitement réalisée. Sachez vous contenter d'un travail

« *bien* » fait, propre, utilisable en toute sécurité par ceux qui doivent à leur tour le transformer ou tout simplement en profiter, et, surtout, rendu à temps.

Sachez refuser poliment les tâches qui ne sont pas de votre compétence. Les accepter engendrerait un stress provoqué par l'angoisse de ne pas savoir, de ne pas réussir. Cela engendrerait également le mécontentement de celui qui vous les demande – souvent parce que tous les autres ont dit « *non* » – quand il constatera que le résultat est loin de correspondre à ses attentes. Vous vous perdrez alors en vaines justifications et ajouterez le mécontentement d'avoir été grugé à celui de vous sentir incapable.

Inversement, ne traquez pas, à votre tour, les autres pour ces mêmes raisons. Ils ont eux aussi ces mêmes droits. Identifiez des priorités (respect du travail, respect du client, respect des délais, respect de la sécurité, respect des autres…) et concentrez-vous sur l'application de l'essentiel, pas de l'accessoire. Superman et Wonderwoman n'existent que dans les films et ne sont, par conséquent, ni vous ni vos collaborateurs : ne prévoyez que le travail qu'il est possible de réaliser dans le temps dont vous disposez et dont ils disposent (il sera mieux fait), demandez-leur des tâches auxquelles ils sont formés, faites de même pour vous et n'attendez pas une réalisation sans imperfection. Mais fournissez-leur constamment, comme à vous-même, les moyens de s'améliorer.

En Bref

Tout en ayant le devoir de ne pas le faire constamment :
⇨ on a le droit se tromper ; l'erreur est humaine !
⇨ on a le droit de renoncer quand la tâche est au-dessus de nos forces ;
⇨ on a le droit de ne pas savoir ou de ne pas savoir faire quelque chose ;
⇨ on a le droit de produire quelque chose d'imparfait ; la perfection n'est pas de ce monde !
⇨ on a le droit de parler ou d'agir d'une façon susceptible de contrarier quelqu'un ; tous les goûts sont dans la nature !
⇨ on a le droit de se reposer, de préférence avant d'être trop fatigué pour que cela soit efficace ;
⇨ on a le droit de faire des choses faciles et de les aimer (comme une petite partie de solitaire sur Windows) ;
⇨ on a le droit de craquer quand on ressent de la peine, de la joie, de la fatigue…
⇨ on a le droit de prendre son temps ; à chaque jour suffit sa peine !
⇨ on a le droit d'avoir un avis différent ;
⇨ on a le droit de changer d'avis ; il n'y a que les imbéciles qui ne changent pas d'avis !

L'ennéagramme (voir p. 89) peut vous aider dans cette tâche

Selon l'ennéagramme, chacune des neuf bases considère le monde d'un point de vue différent et en retire des craintes et des aspirations spécifiques qui déterminent, nécessairement, un fonctionnement différent.

Connaître sa base ainsi que celles de son entourage permet d'identifier plus précisément ces craintes et de les relativiser. Le monde ne s'arrête pas de tourner lorsqu'on s'est trompé, lorsqu'on n'a pas eu le temps de s'occuper de quelqu'un, lorsqu'on a raté une vente, lorsqu'on n'a pas fourni un travail exceptionnellement remarquable, lorsqu'on a quitté sa réserve habituelle, lorsqu'on a fait une entorse (légale) à la procédure, lorsqu'on a laissé tomber plusieurs options pour se consacrer à une seule, lorsqu'on a laissé nos collaborateurs agir sans les surveiller ou lorsqu'on a dit *« non »* pour la première fois.

Connaître sa base permet donc de comprendre son propre fonctionnement et d'identifier clairement ce que notre inconscient redoute d'accomplir et qui, par conséquent, nous fait peur.

Cela permet aussi d'atténuer ces craintes en se convainquant qu'on détient déjà en bonne part ce à quoi aspire spécifiquement notre inconscient : expertise, reconnaissance, réussite, admiration, liberté, soutien, amusement, confiance ou quiétude. Si, par exemple, nous identifions que ce que nous redoutons le plus *inconsciemment* est l'échec, il nous est alors possible de faire *consciemment* le bilan de tout ce que nous avons déjà réussi et d'imaginer ce que notre quête à cœur perdu de la réussite pourrait nous faire perdre. Nous pouvons également, de la sorte, rassurer opportunément celui de nos collaborateurs que l'on sent en proie à des doutes. En effet, un *« Mais tu as tout ce qu'on peut souhaiter, pourquoi déprimes-tu ? secoue-toi ! »* ne répond pas du tout aux préoccupations profondes de quelqu'un qui doute. Un *« Untel me disait hier que personne ne lui fournit de rapports aussi complets que les tiens »* rassérénera plus sûrement, par exemple, quelqu'un qui doute de son expertise.

Identifier les bases permet donc de trouver des arguments personnels pour se motiver et motiver les autres.

Cela permet encore de savoir que les ressources qui aident spécifiquement une base à progresser vers la maturité* se trouvent dans le potentiel positif de la base qui pointe sa flèche vers elle. Il suffit alors de travailler à s'approprier en priorité ces ressources là pour amorcer le processus d'évolution de la personnalité vers la maturité*.

Connaître sa base permet donc d'identifier les aspects de notre personnalité à développer pour évoluer vers la maturité*.

Cela permet enfin d'identifier clairement le critère dominant de chaque personne, celui qui leur sert à déterminer si quelque chose doit être fait ou pas. En effet, chaque base admire et cherche à posséder une qualité (justice, bonté, efficacité, originalité, connaissance, devoir, enthousiasme, force, harmonie).

Connaître la base permet de savoir sur quel critère s'appuyer pour s'encourager ou encourager un tiers vers la quête des ressources qui l'aideront personnellement.

On peut ainsi utiliser des termes comme : « *Il est juste de, il est aimable de, il est efficace de, il est original de, il est bien connu que, on doit, il est agréable de, c'est très fort de, c'est très cool de…* ». Ainsi :

Pour rassurer un ②

Appréciez ce qu'il fait pour vous et dites-lui que vous l'estimez. Pour qu'il s'épanouisse, montrez-lui qu'on peut être heureux en recevant. Dites-lui qu'on préfère toujours les gens différents, qui apportent une autre vision des choses plutôt que ceux qui se coulent dans le moule. Conseillez-lui de cultiver sa singularité. Et soyez ostensiblement heureux (c'est ce qu'il veut) en lui rendant à votre tour des services qu'il ne demande pas et lorsque vous avez l'occasion de constater son originalité. Si vous êtes un ②, faites plaisir aux autres ② en les laissant vous aider !

Pour rassurer un ③

Soyez fier de lui et laissez-lui l'espace nécessaire à son activité. Pour qu'il s'épanouisse, admirez-le (c'est ce qu'il veut) quand il se repose ou quand il reconnaît la compétence des autres. Si vous êtes un ③, ne pensez-vous pas que réussir sa vie affective peut être admirable ?

Pour rassurer un ④

Faites appel à sa compétence et demandez-lui des idées d'habille-ment, de décoration, de cadeau, etc. Pour qu'il s'épanouisse, déclarez négligemment mais avec insistance qu'il est original (c'est ce qu'il recherche) d'être un créatif organisé, qui a les pieds sur terre. Si vous êtes un ④, qu'en pensez-vous ?

Pour rendre heureux un ⑤

Laissez-le exploiter sa paperasse tranquille, gérez vous-même les contretemps ou attendez résolument, pour l'y inviter, le moment qu'il aura choisi pour se livrer aux nécessités minimales de la vie en société. Pour son épanouissement, dites-lui qu'il serait généreux d'encadrer des groupes auxquels il pourrait enseigner tout ce qu'il a appris. Si vous êtes un ⑤, expliquez plus souvent ce que vous pensez à ceux qui croient que votre silence est vide de sens.

Pour faire plaisir à un ⑥

Restez serein malgré son inquiétude et assurez-le que tout va bien. Pour qu'il s'épanouisse, trouvez ostensiblement normaux (c'est sa référence) l'ambiguïté, le hasard, l'inconstance, et expliquez-lui que les points de vue peuvent être multiples. Si vous êtes un ⑥, osez dévier un peu !

Pour faire plaisir à un ⑦

Laissez-le libre de faire ce qui lui plaît. Pour qu'il s'épanouisse, confiez-lui des rapports, des études et la résolution de problèmes et suggérez-lui pour ce faire un outil ludique (jeu de rôle par exemple) et surtout dites-lui que c'est nouveau. Si vous êtes un ⑦, choisissez, pour une fois !

Pour faire plaisir à un ⑧

Laissez-le s'affirmer, mais ne vous dérobez pas, tenez-lui tête (il adore !), mais calmement et ne médisez jamais sur son compte ; c'est une traîtrise qu'il ne pourrait pas vous pardonner. Pour qu'il s'épanouisse, montrez-lui que celui qui ne veut pas dominer, qui ne se met jamais en colère et qui communique est très fort, très admiré et, en fait, domine. Envoyez un ⑤ négocier avec lui ! Si vous êtes un ⑧, apprenez à réfléchir avant de foncer.

Pour faire plaisir à un ⑨

Ne lui mettez pas la pression (ça le paralyse) et n'entreprenez jamais une dispute avec lui. Pour qu'il s'épanouisse, montrez-lui qu'il est très pacifique de s'enquérir de ce qui ne va pas, qu'il est plus confortable de s'attaquer à un conflit avant qu'il ne s'enkyste et qu'il y a du mérite à réussir dans le règlement de conflits. Si vous êtes un ⑨, osez, peu à peu, prendre position ! Dites non plus souvent !

Pour faire plaisir à un ①

Rassurez-le en ne relevant pas ses erreurs et en lui faisant remarquer quand il est dans le vrai, tenez vos engagements et, si jamais vous avez failli, demandez-lui humblement pardon. Pour qu'il s'épanouisse, démontrez-lui, en commentant avec bienveillance des exemples simi-laires, qu'il est juste et normal de se tromper parfois. Si vous êtes un ①, c'est votre devoir d'accepter l'inéluctabilité des erreurs et la multiplicité des vérités.

3. Évitez inlassablement de refouler le vrai motif de votre mauvaise humeur

Un motif peut en cacher un autre.

Il y a des jours où la mauvaise humeur vous habite sans relâche. Vous ressentez un indéfinissable malaise intellectuel, comme des tampons de coton hydrophile bien comprimés dans les circonvolutions de votre cerveau ; vous avez du mal à vous concentrer ; tout le monde vous agace plus que de coutume ; les choses vous échappent des mains ; ce que les autres vous disent n'est ni correctement audible, ni franchement intelligible... Et ce malaise s'amplifie au cours de la journée. Vous en attribuez la responsabilité tour à tour à chacun des protagonistes de vos relations désagréables de cette journée : ils ne comprennent rien, ne savent pas s'expliquer, vous bousculent, parlent trop fort, ont commis des bévues qu'il vous faut réparer... Étonnamment, vous n'avez, à aucun moment, pris le temps de vous interroger sur la cause de cet état.

Si vous vous étiez arrêté, le plus tôt possible après le début de cette sensation désagréable, vous auriez pu facilement remonter au fait anodin qui en marquait l'origine : le filtre à café éventré et le marc dans la tasse ; la tâche énorme et l'obligation de changer de vêtement entraînant, fatalement, un retard d'un quart d'heure et ses répercussions ; la remarque vexante ; le bisou d'au revoir omis par le conjoint ; l'incident de circulation et son insulte intrinsèque... Mais vous avez continué sur votre lancée, ce fait initial est parti se loger dans votre inconscient pour s'y ensevelir de plus en plus profondément, et tout ce qui se déroule depuis semble être générateur de mécontentement.

Pourtant, si vous aviez repéré cet événement contrariant, vous auriez eu l'opportunité de lui redonner sa juste valeur, au lieu de lui permettre de vous gâcher votre journée. Vous auriez pu, calmement, l'examiner sous tous les angles, lui reconnaître son origine fortuite, en mesurer la futilité et passer à autre chose. Du marc dans le café, une tâche, de la fierté mal placée, un bisou oublié, une insulte banale, n'ont pas le droit de gâcher toute une journée ! D'accord, ce n'est pas toujours facile d'admettre que ce n'est pas si grave d'essuyer, par exemple, une critique, même légère, sur notre travail alors qu'on l'a fait consciencieusement. Mais il faut avoir le courage de choisir : cette critique est faite ; je ne peux aucunement la faire ravaler à son auteur ; il l'a faite négligemment, sans méchanceté ; elle porte sur un détail ; il n'y a, d'ailleurs, que moi qui y attache quelque importance…

Soit je m'applique à ressasser une critique qui m'a été faite et je gâche ma journée, soit je passe résolument à autre chose.

Ce qui est valable à l'échelle d'une journée peut l'être à celle d'une vie.

En effet, il y a des faits de notre enfance, qui auraient été anodins pour les adultes qui nous entouraient et qui seraient anodins pour les adultes que nous sommes devenus, mais qui ont été monstrueux pour l'enfant que nous étions car nous les avons fait correspondre à un interdit majeur. Nous les gardons en mémoire comme tels et la *« bêtise »* d'enfant prend la dimension de *« crime »* dans notre inconscient d'adulte, parasitant autant notre vie que le ferait le souvenir conscient du meurtre que nous viendrions de commettre. Il est dommage que nous soyons si peu ou si mal informés sur le fonctionnement du refoulement, ou que nous refusions de nous y intéresser parce que *« la psychologie, c'est que des âneries »* ou parce que *« c'est pour les fous et nous ne sommes pas fous »*. Se livrer à l'analyse de l'inconscient est bien souvent le seul moyen de résoudre sa difficulté de vivre et ses problèmes relationnels. S'il est vrai que l'entreprise n'est pas le lieu pour effectuer ce genre de thérapies, c'est peut-être le seul endroit propice pour les dédramatiser. N'est-ce pas majoritairement grâce au dépistage systématique de la tuberculose dans les entreprises par la médecine du travail que nous avons aujourd'hui fort peu de chance d'en être atteint ?

Ne pas faire	Faire
~~Laisser les petits événements contrariants s'accumuler sans les identifier.~~ ~~Laisser la mauvaise humeur s'amplifier tout au long d'une journée… d'une vie.~~	Dès la moindre contrariété, s'interroger sur la cause réelle de celle-ci, en examiner la réelle ampleur et lui apporter une solution, s'il ne s'est pas avéré qu'il s'agissait d'un fait, somme toute, bénin.

4. Ne rentrez pas dans un jeu ; surtout celui d'un pervers

Les chamailleries les plus courtes sont les meilleures.

Les échanges qui provoquent notre mécontentement s'inscrivent, pour beaucoup, dans un jeu psychologique (voir p. 149). Savoir que de tels jeux existent permet de les identifier et de refuser d'y participer ou d'en entreprendre soi-même.

De plus, le jeu peut devenir très dangereux lorsque le rôle du persécuteur est joué par un pervers. En effet, ce dernier pousse le jeu jusqu'au harcèlement. Pour éviter, donc, de devenir la victime d'un pervers, ne vous pliez pas aux exigences qui vous semblent illégitimes. Ne vous laissez plus asservir par pitié ou parce qu'on vous l'a demandé gentiment ou parce que l'autre semble y tenir beaucoup alors que cela vous est égal. Refuser d'entrer dans un jeu ne fait pas de vous quelqu'un de mauvais. Vous n'avez jamais été investi du devoir de soigner le mental de ceux qui sont incurables. Apprenez à dire *« non »* sans culpabiliser dès que, en regard de la description de la page 71, vous comprenez que vous êtes en train de devenir la souris que le chat assomme et relâche sempiternellement. N'ayez aucune crainte, votre éphémère *« harceleur »* n'envisagera aucunes représailles et cherchera, tout simplement, une autre victime. Étonnamment, tant que son influence n'est pas suffisamment assurée, le pervers n'insiste pas. De plus, la violence ouverte n'est pas compatible avec sa personnalité.

Si vous êtes responsable d'une équipe, soyez attentif aux signes qui pourraient vous faire penser qu'un de vos collaborateurs est harcelé par un de ses collègues. Essayez discrètement d'en avoir la certitude pour pouvoir l'aider au cours d'entretiens dont l'objectif final serait de lui faire comprendre qu'il s'est mis dans une situation notoirement dangereuse. Discrètement, car si la victime est suffisamment sous l'emprise de son « harceleur », elle peut s'appliquer à le défendre, lui, plutôt que de se défendre, elle. Des stages de communication axés sur la gestion des relations néfastes au travail sont également une excellente prévention. Ne dédaignez pas ces conseils ; les conséquences d'un harcèlement peuvent être funestes autant pour les personnes que pour l'entreprise. Ça n'arrive pas qu'aux autres, et lorsque le harcèlement est établi, il est souvent trop tard.

4.1. Analysez la situation

Assurez-vous que vous êtes bien victime de harcèlement et non pas tout simplement sous une autorité inflexible mais juste, ce qui n'est en aucun cas répréhensible.

Demandez-vous :

⇨ Ce comportement m'est-il vraiment importun ou offensant ?

⇨ Une personne raisonnable considérerait-elle aussi ce comportement comme importun ou offensant ?

⇨ Est-ce que ce comportement me déprécie, me cause une humiliation ou un embarras personnel insupportable ?

⇨ S'agit-il d'un seul incident grave ? ou d'une série d'incidents échelonnés depuis quelques mois ?

Il s'agit d'un comportement qui vous ennuie profondément et que n'importe qui jugerait offensant ? Il dure depuis plusieurs mois, vous humilie et vous perturbe ? Vous avez deux solutions : rester ou fuir.

4.2. Courage, restez!

Dans le cas d'un harcèlement volontaire, lorsque l'employeur – lui-même ou ses suppôts – est en cause, il est illusoire d'essayer de le contraindre à poursuivre une relation dont tout démontre qu'il ne veut plus. Toutefois, si le *« harceleur »* est votre supérieur hiérarchique ou un collègue de travail (n'agissant pas sur instructions de l'employeur), il peut être possible de tenter de préserver votre contrat de travail en demandant une mutation. Toutefois, sachant que dans nos schémas c'est toujours le méchant qui est chassé, cette action renforce le sentiment d'injustice. De plus, dans les petites entités, aucune mutation, aucun changement de service ne peut être envisagé. La solution ne peut être alors que le départ de l'auteur du harcèlement ou celui de la victime.

4.3. Courage, fuyez!

D'autant plus qu'il ne s'agit ni d'un harcèlement volontaire ni d'un complot, pendant qu'il est temps, que votre angoisse n'a pas encore engourdi votre cortex, examinez vos possibilités de départ. Postulez d'autres emplois; on trouve toujours plus facilement une place quand on est en activité que lorsqu'on est au chômage. Avec de la chance vous pourrez même trouver une place plus avantageuse. Mais faites en sorte d'être indemnisé. Il vous faut pour cela soigner votre lettre de démission (elle doit expliciter la raison de votre départ) et réunir des preuves.

Dès l'instant où vous avez diagnostiqué le harcèlement, notez tout, ne vous isolez pas, parlez de votre problème et cherchez de l'aide à l'intérieur comme à l'extérieur de l'entreprise.

À l'intérieur de l'entreprise :

✓ notifiez courtoisement mais expressément le sentiment qu'il vous inspire à l'auteur du harcèlement;

✓ informez votre employeur;

✓ attirez l'attention de vos collègues de travail;

✓ adressez-vous aux institutions représentatives du personnel (D.P.; membres du CHSCT; membres élus du C.E.; délégués syndicaux...);

✓ consultez le médecin du travail (si l'entreprise dispose d'un centre de médecine du travail qui lui est propre);

✓ extrayez-vous du contexte de harcèlement; en cas de besoin, mettez-vous en arrêt maladie.

À l'extérieur de l'entreprise :

✓ parlez-en à vos proches;

✓ adressez-vous à l'inspection du travail;

✓ consultez le médecin du travail (lorsqu'il s'agit d'un centre inter-entreprises);

✓ consultez votre médecin traitant et, en cas de besoin, un spécialiste de la souffrance psychologique (psychiatre, psychologue, etc.);

✓ consultez un syndicat;

✓ consultez une association spécialisée (cf. adresses Internet en annexe);

✓ consultez un avocat;

✓ utilisez vos droits d'alerte et de retrait;

✓ prendre acte de la rupture du contrat de travail ou faire prononcer la résiliation judiciaire du contrat de travail.

Avant de poursuivre une action en justice, prenez conscience que la loi ne distingue pas le harcèlement volontaire du harcèlement compulsif. Si vous êtes victime de ce second type, vous avez bien noté dans les explications de la première partie de ce livre que les tiers sont abusés par le « *harceleur* » d'autant plus qu'il se prétend, lui-même, harcelé par vous.

En outre, les blessures psychologiques n'offrent pas de traces visibles, pas de plaie ouverte et sanguinolente, pas d'ecchymose, pas de plâtre ni de bandage. Un juge pourrait très bien trouver que vous exagérez. En outre, si le travail du « *harceleur* » est suffisamment avancé et que vous présentez les symptômes de la victime de harcèlement, sachez que, malheureusement, ceux-ci ressemblent beaucoup aux symptômes de la fragilité mentale, ce qui tend à donner raison à celui-là même que vous accusez.

Ne pas faire	Faire
Se justifier dès qu'on se sent attaqué : — *C'est toujours à cause de toi!* — *C'est pas vrai, vous êtes méchants, c'est parce que…* Se plier aux suggestions de tout le monde. Donner des 3e, 4e, 10e… chances. Se transformer en infirmier(ère) des gens à problème (il existe des professionnels pour ça).	Savoir reconnaître un jeu. Se lamenter, chigner, pleurnicher à propos de tout et de rien. Savoir dire : «*Je ne rentre pas dans votre jeu!*» Savoir dire : «*Vous deux, cessez votre jeu stérile et mettez-vous au travail!*» Savoir ne pas provoquer un jeu. Savoir se retenir de se plaindre. Savoir se retenir d'accuser. Savoir répondre avec humour : — *C'est toujours à cause de toi!* — *Bien sûr, c'est pour ça que Maurice m'a embauché!* Savoir dire non à bon escient et sans culpabiliser.

8

●

Gérez l'urgence

1. Gérez votre propre colère

Comme nous l'avons vu p. 66, la colère n'est donc pas le bon moyen d'exprimer votre mécontentement *(en dehors de simili colères feintes destinées à souligner la gravité de la situation)*. Si vous êtes un coléreux impénitent, n'en tirez pas fierté et tentez plutôt de la surmonter[1] :

⇨ Dites-vous que vous avez une valeur en tant que personne.

⇨ Acceptez la diversité des opinions et des comportements.

⇨ Différenciez l'essentiel de l'accessoire et n'accordez pas d'importance à l'accessoire.

⇨ Identifiez votre objectif principal, ne l'imposez pas aux autres, et concentrez-vous sur les moyens de l'atteindre.

⇨ Apprenez à reconnaître les signes de colère dès qu'ils commencent à se manifester afin de ne pas vous laisser envahir complètement.

⇨ Acceptez la frustration ; elle est intrinsèque à la vie sur terre.

⇨ Apprenez à vous détendre (loisirs, sport, spectacle, lecture, relaxation, spiritualité…).

⇨ Parlez de vos souhaits, de votre ressenti et de vos insatisfactions. (parlez en « je », pas en « tu » !).

⇨ Présentez-vous toujours sous votre meilleur jour, surtout quand vous redoutez la situation.

⇨ Appliquez-vous à gérer votre propre comportement et renoncez à contrôler celui d'autrui.

Si votre interlocuteur est en colère, c'est son problème ; n'en faites pas le vôtre :

⇨ Ne soyez pas bouleversé chaque fois que quelqu'un est fâché contre vous. Ce n'est pas un désastre. Vous pouvez l'affronter de manière efficace (voir procédure ÉRIC p. 200).

⇨ Il est inutile de vouloir vous préserver de la colère d'autrui, en ne faisant pas de vagues. Un coléreux trouvera toujours matière à s'énerver.

---

1. Pour les hommes violents : Association « après-coup » http://www.dsuper.net./-apres/

⇨ Ignorez les coléreux lorsqu'ils vous crient en pleine figure, mais soyez attentif lorsqu'ils parlent raisonnablement.

⇨ Ne soyez pas intimidé. Prenez la parole et dites sur un ton ferme mais calme, par exemple : *« S'il vous plaît, parlez-moi aimablement. »*

⇨ Restez vous-même aimable. Ce n'est pas parce que quelqu'un est en colère contre vous que vous devez répondre agressivement. Prononcez des paroles telles que : *« Je suis désolé que ça n'aille pas. Est-ce que je peux faire quelque chose ? »*

⇨ Quand l'accusation portée contre vous contient une part de vérité, admettez-le. La perfection n'est pas de ce monde. Ne mentez pas pour vous défendre. Vous n'êtes pas obligé d'avoir tout le temps raison. Vous pouvez dire : *« C'est vrai. J'ai manqué de professionnalisme quand... Je vais m'employer à réparer mon erreur. Pouvez-vous me conseiller. »*

Laissez aux autres le droit de se mettre quelquefois en colère contre vous et ne vous montrez pas choqué ou offensé quand cela se produit.

2. Gérez un mécontentement à l'aide de la méthode ÉRIC

La meilleure défense, c'est l'écoute.

2.1. Écoutez le mécontent jusqu'au bout

Ce premier élément de la procédure est souvent difficile à admettre. En effet, nous sommes, pour la plupart, persuadés que plus tôt on aura contré un mécontent, mieux ce sera pour s'en débarrasser. Cette seule pensée contient deux erreurs : *« contrer »* et *« se débarrasser »* ; erreurs, car ces actions ne règlent rien, elles ne font que repousser ou occulter le conflit, tandis que le mécontentement subsiste.

> **Nous sommes trop nombreux à être impulsifs, à croire trop souvent que *«la meilleure défense, c'est l'attaque»*.**

Cependant, ce comportement archaïque a bien souvent montré ses limites : j'attaque, il contre-attaque, j'enchéris, il renchérit, je surenchéris, il me met son poing dans la figure, je lui tords le bras... est-ce bien raisonnable ? Quand parle-t-on du fond de notre désaccord ? Jamais ! Qu'aura-t-on résolu ? Rien ! Qui aura gagné ? Personne, puisque quelqu'un qui admet quelque chose par la force n'aura de cesse de s'employer à revenir à la charge avec une artillerie plus puissante. Nous avons tous assisté ou participé à des échanges stériles qui laissent, après-coup, planer un malaise, comme un nuage de poudre.

Se débarrasser du râleur est également une mauvaise stratégie, car ainsi éconduit, il va répandre sa rage amplifiée en dénigrements et autres calomnies provoquant ainsi de nouveaux mécontents. Le mécontentement doit être évacué comme on vide un abcès pour pouvoir songer à reconstruire une relation sur de bonnes bases.

Plutôt que de se débarrasser du mécontent, il faut le transformer en sympathisant, voir en allié.

Dans un service après-vente, on aura soin de ne jamais accuser le plaignant de mauvaises manipulations, on le laissera exposer ce qu'il souhaite en guise de réparation et on essaiera de dépasser ce souhait, par exemple :

Après le bris, dans son four, du diable en terre qu'elle venait d'acheter dans un supermarché, une ménagère est venue en demander le remplacement à l'hôtesse d'accueil. Celle-ci lui répondit que le magasin ne traitait pas ce genre de garantie et qu'il fallait écrire au fabricant dont elle griffonna l'adresse sur un post-it.

Par téléphone, le fabricant lui demanda de mettre sa demande par écrit et d'y joindre la partie supérieure de l'emballage du diable; celle portant le code-barres.

Quinze jours plus tard, la ménagère reçoit un paquet de la maison à qui elle avait écrit. Il contenait un diable quelque peu différent de celui qu'elle avait acheté. Une lettre l'accompagnait qui disait : « Madame, Nous vous remercions de nous avoir fait part de votre problème car nous sommes soucieux de la satisfaction de notre clientèle. Toutefois, le diable dont vous nous avez communiqué les références n'est pas fabriqué par notre maison. Néanmoins, c'est avec plaisir que nous vous offrons notre modèle afin que vous puissiez juger de ses qualités. En vous souhaitant bonne réception...»

Cette ménagère comblée au-delà de ses espérances n'a pas manqué de vanter les qualités de communication de cette entreprise tout en vantant les qualités du produit. Elle n'a pas hésité, non plus, à chaque fois, à dénigrer le supermarché où elle avait fait son premier achat et qu'elle fréquentait de moins en moins au profit de celui qui se trouve au sud de la ville.

Le mieux est donc d'écouter le motif de sa plainte. De l'écouter jusqu'au bout, sans l'interrompre, sans songer à se justifier. Mais si, c'est possible, il suffit de se conditionner et de s'entraîner. Contrairement à la répartie venimeuse, l'écoute ne laisse pas un sentiment de malaise, mais un sentiment de supériorité car on s'est dominé alors que l'autre s'est laissé aller à son animalité, n'est-ce pas une raison suffisante ?

S'appliquer à écouter sans répartir ne suffit pas, il faut encore se débarrasser de nos préjugés sur ce mécontent, sur les mécontents en général, sur ce sujet de mécontentement en particulier.

En effet, nous sommes projectifs*.

Nous prêtons inconsciemment à autrui nos intentions alors qu'il peut avoir de tout autres revendications que nous n'aurions même pas imaginées. Laissons-le donc nous exposer tout ce qu'il veut. Ce n'est que lorsqu'on est au fait de la situation qu'on peut la maîtriser.

Écouter, c'est, entre autres, dominer projectivité* et réactivité*. C'est laisser l'interlocuteur s'exprimer sans lui opposer de justification, sans orienter ses propos, sans lui proposer d'interprétation de ses dires, de façon à pouvoir les reformuler au plus fidèle afin qu'à l'issu de l'échange il nous confirme notre compréhension.

Notez bien les limites de l'écoute : comprendre, ce qui n'est pas *« gober »*.

Pas d'agressivité, pas d'intimidation, pas de détours, pas de replis, pas de justification, pas de soumission, pas de séduction mais de l'écoute.

L'écoute est indispensable :

⇨ pour cerner les besoins de l'interlocuteur et agir en conséquence,

⇨ en tant que marque de reconnaissance positive qui modérera l'échange,

⇨ parce que le mécontent, qui s'attend à de l'agressivité en retour, est délégitimé, culpabilisé, déstabilisé, et se calme.

2.2. Reformulez ses dires en place de toute autre réponse

Outre les conséquences néfastes de l'hyperréactivité agressive, nos réponses spontanées les mieux intentionnées ont parfois un impact que nous n'attendions pas et qui est défavorable à la communication. Croyant quelquefois être aimable et apaiser quelqu'un, nous provoquons par notre réponse, inconsciemment inappropriée à l'exposé d'un problème, des réactions tout aussi indésirables qu'infructueuses, par exemple :

2.2.1 Quand vous apportez votre solution à son problème, le mécontent comprend que vous voulez vous débarrasser de lui

– *B…!!! Toute la fabrication de la journée est foutue!!!*

– *Vous devriez vous calmer…*

– *Vous n'avez qu'à téléphoner à Demesmaeker.*

– *Essayez d'accélérer le Mogul.*

Votre solution n'a que peu de chances d'être la sienne. Êtes-vous déjà parvenu à calmer un mécontent en colère en lui disant *« Vous devriez vous calmer ! »* ; quelqu'un qui pleure en lui disant *« Cesse de pleurer ! »* ? Ne vous est-il jamais arrivé d'être encore plus mécontent qu'à votre arrivée lorsque l'hôtesse du service après-vente vous a proposé quelque chose du genre : *« Votre imprimante ne fonctionne plus ? Y a qu'à changer la cartouche ! »* ; lorsque le médecin vous dit *« Y a qu'à arrêter de fumer ! »* ou *« Y a qu'à maigrir ! »* N'en avez-vous pas retiré l'incommensurable sentiment d'être incompris? l'impression qu'on n'en a rien à faire de vos problèmes et que vous gênez? N'avez-vous pas eu envie de frapper?

Apporter votre solution à un mécontentement équivaut à congédier un importun. Le mécontent, frustré et humilié, en sera encore plus mécontent, il le sera encore plus si sa position hiérarchique le contraint à adopter la conduite qui lui est suggérée.

Vous avez donc tout intérêt à demander au râleur quel est précisément son problème et ce qu'il propose pour réparer le préjudice dont il se sent victime. Et cela seulement après avoir reformulé ses explications. Sinon, son explication et ses revendications risquent d'être confuses; l'écoute l'apaise. Par ailleurs, bien souvent il propose ce que vous auriez proposé, voire quelque chose de moins contraignant.

En outre, celui qui venait simplement pour faire un esclandre sera contraint, par votre attitude, d'avoir à exposer des raisons objectives et, n'en ayant pas, il ne peut faire autrement que de battre en retraite.

2.2.2 Le mécontent est frustré de ne pas pouvoir placer un mot quand vous posez mille questions pour comprendre ce qui ne va pas. Et attention! il peut se mettre en colère!

– B…!!! Toute la fabrication de la journée est foutue!!!

– Qu'est-ce que vous avez foiré?

– Pourquoi utilisez-vous encore ces machines?

– Comment vous y êtes-vous pris pour bousiller tout ça?

L'excès de questions donne toujours le sentiment d'être assailli, voire d'être intellectuellement violé. De plus, cet afflux de questions donne l'impression de ne pas être à la hauteur des exigences de celui qui les pose et culpabilise. Par ailleurs, celui qui est pressé de questions est, d'une part, frustré de ne pas exposer les choses telles qu'il les conçoit mais en fonction de la démarche de son interlocuteur et, d'autre part, angoissé de pouvoir dire à contrecœur quelque chose qu'il ne souhaitait pas révéler ou quelque chose qui le desservira. Selon son mode de réaction, il peut décider de ne plus rien dire du tout et partir en claquant la porte ou entrer dans une immense colère et ne plus contrôler du tout ses propos.

Il est donc plus sage de réserver le questionnement, et un questionnement ciblé, à la phase qui suivra l'exposé libre de la pensée du mécontent.

2.2.3 Le mécontent se sent rabaissé, quand vos propos évaluent sa conduite

– B...!!! Toute la fabrication de la journée est foutue!!!

– C'est pas bien du tout de vous mettre dans cet état!

– Il faut pas réagir comme ça!

– C'est pas comme ça qu'il fallait s'y prendre!

– Ça va pas non! Vous me stressez!

À moins que vous remplissiez la fonction de responsable de votre interlocuteur, votre évaluation, même positive, envenime les rapports. En effet, pour qu'un jugement soit accepté, il faut que l'inculpé reconnaisse ce droit à celui qui le prononce. Sans cela, un malaise l'envahit, proportionnel à sa capacité de tolérance à l'infériorisation. Il peut s'embrouiller dans des justifications encore plus humiliantes et vous en vouloir encore plus pour cela. Sa réaction finale peut être très violente.

Notez bien que le jugement positif, lui aussi, infériorise. En dehors d'un service après-vente, pensez-vous pouvoir dire impunément, à votre responsable en colère, par exemple : *« Vous avez bien fait de venir m'en parler ! »* N'est-il pas évident que ce genre de phrase n'est acceptable que dans la bouche d'un supérieur ?

2.2.4 Le mécontent vous trouve ironique, méprisant quand vous vous employez à expliquer son problème à sa place

– B…!!! Toute la fabrication de la journée est foutue!!!

– Vous avez dû vous tromper quelque part!

– C'est parce que vous devez être fatigué en ce moment…

– Je sais ce que c'est quand on est nouveau, on veut prouver qu'on est parfait…

Déduire, c'est réduire ; c'est se projeter, c'est transformer la réalité de l'interlocuteur qui se sent grandement incompris. Ne vous êtes-vous jamais trouvé dans la situation où, tentant d'exprimer un sentiment profond à un interlocuteur, celui-ci, avant même que vous ayez terminé, vous assène : « *C'est comme moi…*», et vous soumet un sentiment qui n'est pas du tout le vôtre ? N'est-on pas tout d'un coup irrité, contrarié, hostile ? N'étouffe-t-on pas des reproches, voire des injures ? N'a-t-on pas envie de tout planter là ? ou n'est-on pas pétrifié devant tant d'incompréhension ? Au mieux se désintéresse-t-on de l'objet de l'entretien et donne-t-on son accord du bout des lèvres.

2.2.5 Il se sent TRÈS incompris quand vous minimisez son problème car pour lui c'est TRÈS grave !

– B…!!! Toute la fabrication de la journée est foutue!!!

– Ce n'est pas grave…

– Tout finira par s'arranger…

– Vous ferez mieux la prochaine fois!

Nous apprécions, parfois, d'être consolé, mais par des proches. La consolation est un acte intime. Celui qui console se met en quelque sorte à la place d'un parent qui protège son enfant. Celui qui console sans avoir été sollicité pour ce faire semble considérer son interlocuteur comme un incapable qu'il lui faut protéger, lui qui est fort. De plus, lorsqu'on manifeste son mécontentement, c'est que l'objet, pour nous, en est très grave. Comment, alors, supporter que quelqu'un vienne nous affirmer : *« Ce n'est pas grave ! Ça va passer. »*

2.2.6 Pour montrer à son interlocuteur qu'on veut le comprendre, une méthode : la reformulation

– *B…!!! Toute la fabrication de la journée est foutue !!!*

– *Toute ?*

– *Tu veux dire que rien n'est utilisable ?*

– *Complètement foutue ?*

> **Pour éviter, donc, d'amplifier le mécontentement de l'interlocuteur, le meilleur outil est la reformulation.**

Lorsqu'on donne ce conseil en stage, il est souvent remis en question sous prétexte qu'il s'agit d'une attitude artificielle qui sera vite dépistée par le partenaire, rendant ridicule son auteur. Il ne s'agit pas d'une attitude artificielle, elle est couramment employée, mais peut être avec un vocabulaire moins châtié que le *« Si j'ai bien compris, vous… »* que proposent immanquablement les formateurs. Lorsqu'on l'illustre à l'aide de *« Alors pour toi c'est… »* ou *« Tu veux dire que… »* elle semble, tout d'un coup, beaucoup plus familière. Mais il est, tout de même, vrai que de nombreuses personnes emploient plus facilement la contradiction, la justification, l'évaluation que la reformulation.

La reformulation n'est pas perçue comme ironique par l'interlocuteur ; d'ailleurs, s'il n'a pas suivi de formation en ce sens, il ne la relèvera même pas puisque c'est une forme naturelle du discours qui n'a de nom que parce qu'elle a été identifiée. Elle semble artificielle comme semblent artificielles la litote ou la métaphore lorsqu'en classe, on nous les fait identifier dans les textes poétiques, alors que le langage courant regorge de litotes et de métaphores et de reformulations non identifiées qui produisent le même effet que celles fabriquées volontairement. N'est-il pas courant de dire *« Tu pleures ? »* à quelqu'un qui pleure ; *« Tu as faim ? »* à quelqu'un qui se rue sur la nourriture ? Ce sont des reformulations d'attitudes et elles ont leur utilité dans la communication.

> **Reformuler, c'est respecter les valeurs fondamentales de la communication :**
>
> **–en reconnaissant l'importance de l'avis de l'interlocuteur (il est le mieux placé pour parler de lui-même);**
>
> **–en reconnaissant son droit à avoir un avis personnel et différent;**
>
> **–en le rassurant car en venant exprimer son mécontentement il s'attendait à un rapport de force.**

La reformulation permet à l'interlocuteur d'approuver ou de rejeter ce que lui renvoie son partenaire. Ce dernier rectifiera ou précisera et reprendra le fil de ses pensées vers la suite spontanée de son propos.

> **La reformulation sert également à synthétiser les propos confus du mécontent :**

– *Il y a une mauvaise ambiance dans le service ; Untel se met toujours en avant ; il a tout vu, tout fait ! Et moi, quand je dis quelque chose, on ne m'écoute pas, lui si ! D'ailleurs je mérite le poste de programmeur, mais c'est lui qui l'a obtenu…*

– *Vous ne vous entendez pas avec Untel ?*

Une reformulation plus académique aurait été : « *Si j'ai bien compris, vous trouvez qu'on est injuste avec vous* », et aurait laissé s'accumuler en vrac les arguments.

Votre interlocuteur pourra être étonné de votre clairvoyance et, si vous êtes allé trop loin dans votre interprétation, il rectifiera. Ce type de reformulation peut servir, de loin en loin, à affiner certaines hypothèses en éliminant rapidement une possibilité. Il ne faut, cependant, pas l'utiliser trop souvent sous peine de transformer en douche écossaise un entretien destiné à calmer les esprits.

Ne pas faire	Faire
Répéter mot à mot ce que vient de dire votre interlocuteur. Reprendre exactement tous les points qu'il a évoqués. Employer une unique formule artificielle. Dire : «*Ah! ah! Vous avez dit le contraire tout à l'heure!*» Approuver. Se moquer. Désapprouver.	Rester calme. Reformuler avec ses mots à soi. Synthétiser les propos. Trouver le ton entre la question et l'affirmation. Pour débuter, on peut s'aider de formules : «*Ainsi, selon vous...*»; «*Donc, à votre avis...*»; «*Vous pensez donc que...*»; «*Pour vous c'est...*»; «*Au fond...*»; «*Si je résume...*»; «*Dans votre cas...*». Éventuellement, reprendre le dernier mot qu'il a prononcé.

2.3. Interrogez le mécontent, seulement après

Une fois la pression expulsée à l'aide de la reformulation, il est temps de poser une question ouverte au mécontent afin de ne rien laisser dans l'ombre du motif du reproche (c'est là que ceux qui n'ont pas de motif objectif se déballonnent) :

⇨ Dites-moi précisément ce qui ne vous a pas convenu?

⇨ Qu'est-ce qui dans mon travail ne convenait pas?

⇨ Qu'est-ce qui vous a déplu précisément?

⇨ Qu'ai-je fais exactement d'incorrect?

La question à choix multiple (*«rouge, jaune, vert ou bleu?»*), par exemple, pourrait lui permettre de se réfugier dans une des possibilités offertes avec les conséquences exposées précédemment. Mais elle peut être utile en conclusion : *«Donc soit je vous remplace l'article, soit je vous fais un avoir, soit je vous rembourse, que préférez-vous?»*

Il en est de même pour la question fermée *(«oui ou non?»)* ou la question alternative *(«noir ou blanc?»)*; elles servent à peaufiner une décision ou pour amener quelqu'un qui ne sait pas prendre congé à comprendre que tout a été dit : *«Donc, nous sommes d'accord sur tout?»*

> **Tenez compte aussi de la place que vous vous accordez et que vous accordez à votre interlocuteur dans la matière traitée par votre question.**

C'est-à-dire, parler de «nous» vous inclut et l'inclut dans le groupe concerné et montre à votre mécontent que vous êtes conscient de son problème : *«Ne devrions-nous pas…?»* alors que parler de *«vous»* vous exclut : *«Ne devriez-vous pas…?»* et que parler de *«ils»* vous exclut tous deux : *«Ne devraient-ils pas…?»*, laissant penser qu'il existe une toute-puissance hostile qui ne permettra jamais de réparer ce préjudice. Parler de *«je»* vous pose en autocrate (avez-vous la marge de manœuvre suffisante?) mais témoigne de votre engagement : *«Ne devrais-je pas…?»*

2.4. Concluez enfin en lui faisant formuler un projet concret

⇨ Que puis-je faire pour vous?

⇨ Que proposez-vous en réparation?

⇨ Comment allons-nous régler ça?

⇨ Dites-moi précisément ce que vous attendez de moi.

⇨ Comment dois-je, alors, me comporter dans l'avenir?

⇨ Est-ce que je pourrais avoir un modèle du type de document que je dois rédiger?

Et ne tombez pas dans le piège s'il vous pose lui-même la question. Vous avez toujours la ressource de la question écho :

— Que comptez-vous faire pour arranger la situation?

— *Que me proposez-vous?*

Ayez le courage de mener cette procédure jusqu'au bout, surtout si votre problème est d'essuyer les sautes d'humeur d'un coléreux.

D'autant plus que ses colères seront sans motif, il hésitera de plus en plus à vous choisir comme victime. En pratiquant cette méthode, vous n'êtes pas une victime intéressante puisque vous ne hurlez ni ne pleurez en retour. Si toutefois les reproches étaient motivés, ils sont ainsi éclaircis et résolus.

9

●

Dominez la crise

1. Comment dominer la rumeur?

La meilleure arme contre la rumeur est le mépris car notre intérêt est aux yeux de certains la preuve de sa véracité.

Décrédibilisez donc la rumeur en la laissant courir jusqu'à ce que la preuve de son infondé se fasse d'elle-même ; vous ridiculisez ainsi ses vecteurs et toutes leurs affirmations passées et à venir. Mais il est parfois difficile à assumer psychologiquement d'être traîné dans la boue pendant des mois, d'autant plus que cela peut avoir des conséquences professionnelles et financières. Il faut alors démentir la rumeur mais pas n'importe comment.

En effet, le démenti, contrairement à la rumeur, n'est pas un scoop croustillant

Il ne peut que décevoir celui qui en a connaissance et peut, en outre, attirer l'attention de ceux qui ne connaissaient pas encore la rumeur. De plus, la victime émue, passionnée, veut trop en dire et ne choisit pas la formule qui frappe. En outre, l'argumentation logique est souvent inefficace car beaucoup de rumeurs ne reposent pas sur la logique mais sur des croyances, des allégations gratuites : *« Et si Untel n'était pas si honnête que ça ? »*

En Bref

1. **Intervenir rapidement.** (mais l'accusé est souvent tardivement informé, souvent par un ami qui veut savoir le fin mot).
2. **Trouver un messager digne de foi.** (ce n'est pas si simple, personne n'est parfait).
3. **Ne pas reprendre la rumeur dans le démenti.** D'une part, cela porte la rumeur à la connaissance de ceux qui l'ignoraient et, d'autre part, la formule négative échappe aux auditeurs qui n'entendent que ce qu'ils connaissaient déjà. Exemple : Dîtes *« Écoutez tous, je ne bois que de l'eau et du jus de fruit ! »* plutôt que : *« Écoutez tous, je ne suis pas alcoolique ! »*.
4. **Utiliser la dissociation.** (rompre le lien qui est fait entre l'objet spécifique et la rumeur ; l'étendre à d'autres objets) selon la formule : *« On m'accuse de ça ? OK ! ça, ce n'est pas négatif ; par exemple… »* Ex. *« Si je bois de l'alcool ? Comme tout le monde aux repas de fête et du bon ! »*.

5. **Utiliser la réassociation.** (faire chercher ce qui va quand même) : *« Vous critiquez cette conduite mais vous aimez et respectez d'autres aspects de ma personne et votre comportement le prouve. ».* Ex. *« Je suis celui que vous avez choisi comme chef de projet et à qui vous demandez régulièrement d'organiser les collectes ; tant qu'on ne vous avait pas dit du mal de moi je vous donnais satisfaction ; croyez-vous vraiment le bruit qui court ? Je vous assure que je suis d'une honnêteté scrupuleuse ! »*

6. **Introduire des éléments intolérables aux valeurs des récepteurs.** *« On m'accuse non parce que je suis coupable, mais parce que je suis d'origine étrangère » ; « Il n'est pas coupable de cette malversation, c'est parce c'est le nouveau, qu'il est accusé ».*

Mais le retournement de l'opinion publique ne peut venir que du changement de la rumeur. C'est-à-dire lorsque l'accusé devient la victime, en déposant, par exemple, une plainte contre X. Mais il faut être très sûr de soi car, en la circonstance, tout va être déballé.

> **NB : Attention, votre ironie peut engendrer la rumeur. Dire par exemple une énormité : «*Eh! savez-vous qu'il était parmi les tortionnaires lors des massacres de...?*», à celui qui vous en dit une : «*Il paraît que monsieur Félès fait partie d'un groupe extrémiste!*», pour qu'il se rende compte de sa bêtise, peut donner lieu à la diffusion de votre énormité en tant que vérité tenue de source sûre.**

2. Mettez en place une communication de crise

On parle de crise lorsque la rumeur a porté à son paroxysme l'angoisse et l'incertitude des membres ou des partenaires de l'entreprise. Ce peut être, par exemple, lorsque les salariés sentent un danger imminent pour leur emploi ou pour leur vie et répondent à cette émotion par la grève ou des procès contre la direction. Ce peut être aussi lorsque le voisinage redoute une pollution, lorsque les consommateurs craignent une intoxication ou retirent carrément leur confiance à une firme qui semble ne plus les respecter en leur vendant des appareils défectueux ou à une banque en difficulté qui va leur faire perdre leurs économies. En général, la crise est commentée régulièrement par la presse car ce qui motive le grand public (sécurité, santé, environnement, vérité, innocence, mort, sang) fait vivre les médias. Cette publicité donnée à l'événement amplifie la crise ce qui, sans gestion de la communication, peut, au bout du compte, nuire gravement à l'entreprise impliquée.

La crise est, par définition, un phénomène précis, limité dans le temps. C'est le point où convergent tous les sentiments exacerbés ; tout comme à l'issu d'un débat tous les avis intensifiés ont convergé vers la décision (κρισιζ) ; tout comme dans une maladie tous les symptômes, à leur paroxysme, convergent vers la crise. On ne peut donc pas prévoir précisément à quel moment et à quel sujet une crise se manifestera. Mais on peut affirmer que nulle entreprise n'est à l'abri d'une crise.

En effet, personne ne s'attend à la crise et c'est bien précisément ce pourquoi c'est une crise. La crise n'est que la partie apparente de la maladie, le huitième émergé de l'iceberg, les 20 % visibles d'un problème bien plus profond et qui existe sans doute depuis très longtemps. Trop sûre de soi, de la qualité du produit, de l'efficacité du management, de la qualité des relations, la direction de bien des entreprises ne voit pas venir la crise et en néglige tous les indices annonciateurs (effet Janis*). Les changements, les restructurations, les incidents de production, les accidents du travail, les décisions autocratiques, les rumeurs infondées peuvent provoquer une crise. En s'intéressant un peu plus aux 80 % qui ne se voient pas, aux réclamations, aux remarques, aux petits clients perdus, au mutisme lors des entretiens ou des réunions, bien des crises seraient évitées. En se préparant à la crise comme on le fait pour un incendie, avec la collaboration de pompiers professionnels qui organisent le plan de sauvetage, on limite les dégâts occasionnés par la crise qu'on n'a pu éviter.

La gestion de la communication de crise ne s'improvise donc pas et est l'affaire de professionnels entraînés.

2.1. Prévenir la crise

Lorsqu'on a toujours déclaré que tout allait bien, l'annonce d'un plan social provoque immanquablement un mouvement de panique et d'hostilité qui sera difficile à résorber. Ce mouvement sera de moindre ampleur si vous avez l'intelligence d'informer régulièrement le personnel sur la santé de l'entreprise qui l'emploie. On perpètre souvent, envers le personnel, l'erreur qu'on commet envers les enfants ou les malades : on leur cache des vérités qui les concernent, façonnant ainsi l'angoisse d'incertitude qui va les habiter peu à peu et exploser en un désarroi incommensurable lorsque plus rien ne pourra être caché. Les réponses concrètes à ce désarroi (grèves, manifestations, actions en justice, occupation des locaux...) sont visibles de l'extérieur et inquiètent le grand public qui veut en connaître la cause.

Lorsque le consommateur a fait confiance à un produit ou à une marque, il se sent grugé quand il apprend par voie de presse que, par exemple, la voiture ou le téléviseur qu'il vient d'acheter est pourvu d'une pièce défectueuse ; lorsqu'il entend à la radio que sa boisson préférée risque d'empoisonner la population tout entière ; lorsqu'il entend que la banque à qui il a confié ses économies est en difficulté. Il va vouloir être dédommagé et vous retirera sa clientèle entraînant avec lui toutes ses relations à qui il aura commenté sa mésaventure.

Dans les deux cas, ce qui trouble l'observateur, ce n'est pas ce qu'il sait mais ce qu'il s'imagine d'après ce que lui suggèrent les médias. Il faut être bien conscient qu'il y a d'un côté la réalité des faits et de l'autre ce que cela devient dans l'imaginaire du grand public ; qu'il s'agit plus de gérer des émotions que d'expliquer techniquement la survenue d'un accident. Il faut donc savoir adopter le ton et les mots qui conviennent.

> **Donnez donc fréquemment et immédiatement des informations honnêtes et claires par les canaux traditionnels de l'oral (réunions d'informations, radio, télévision...) et de l'écrit (notes, télécopies, journal d'entreprise, presse...), mais aussi par les nouvelles technologies de l'information et de la communication (NTIC).**

Créez un intranet pour la communication interne et un site Internet où chacun pourra trouver en permanence réponse à ses questions sur votre secteur d'activité, sur votre croissance, sur vos méthodes, sur votre prise en compte de l'environnement... Ne parlez pas que de l'aspect technique ou économique mais surtout de l'humain et du long terme. Soyez vigilants quant aux remarques les plus anodines reçues par votre service consommateurs ou publiées dans la presse et éclaircissez immédiatement les faits.

Préparez-vous à évoluer en situation de crise.

Tout comme pour les accidents, il ne suffit pas de savoir en théorie ce qu'il convient de faire au moment où l'accident se produit. Si on n'a pas repéré et manipulé l'extincteur, on perd du temps à le chercher et à le mettre en fonction. Si on n'a pas exécuté des exercices qui banalisent la situation, le stress est trop fort et empêche de garder la tête froide. Formez-vous à la gestion de crise ainsi qu'à la prise de parole en public.

Prévoyez la composition et le fonctionnement de la cellule de crise qui devra être opérationnelle dès les prémices de la crise.

Elle se réunira régulièrement en séances de résolution de crises fictives, en collaboration avec le conseil en communication qui l'accompagnera pendant la vraie crise. Elle imaginera les possibilités de crise (méthode des scénarios) pouvant survenir dans votre entreprise (accidents, boycottages, successions, restructurations, harcèlement...) en s'inspirant des affaires déjà survenues, en regardant sa propre entreprise avec l'œil du profane. Elle préparera les actions correctives, les arguments qui répondront aux questions des médias. Elle prévoira, dès à présent, tous les détails de son organisation.

Elle se compose de :

⇨ Son **président**, celui qui tranchera.

⇨ Son **chargé de l'environnement**, qui surveillera l'impact du facteur de la crise et des actions correctives sur l'écologie.

⇨ Son **chargé de la communication externe**, à l'affût des commentaires extérieurs afin d'en informer la cellule, de les analyser et de préparer les communiqués destinés à tous les acteurs externes : riverains, clients, élus, administration, médias... Il devra savoir s'exprimer simplement, sans termes techniques, sans arrogance ni détours, et annoncer essentiellement du concret : études, expertises, contrôle, réparation aux victimes... Pour informer identiquement tous les clients et tous les fournisseurs, les meilleurs moyens sont, actuellement, la télécopie et les messages électroniques.

⇨ Son **chargé de la communication interne**. Il est aberrant que le personnel suive dans la presse l'évolution d'une crise qui le concerne. Cela reviendrait à se faire un ennemi de celui qui fait partie intégrante de l'entreprise.

⇨ Son **chargé de la logistique**, celle de la cellule, celle des actions, celle de la communication.

⇨ Son **chargé de la sécurité** qui examine sous l'aspect sécuritaire tout ce qui est entrepris et prend les dispositions nécessaires.

⇨ Son **chargé des actions correctives**, celles qui sont menées en application des communiqués. Il engage, dirige et coordonne ces actions.

⇨ Son **chargé des victimes** qui devra prévenir tous les besoins des victimes et de leurs familles : besoin d'information, besoin de prise en charge, besoin de soins physiques et psychologiques, besoin d'indemnisation... puis en assurer le suivi régulier, même après la crise.

⇨ Son **chargé de la supervision juridique** qui examine la situation sous son aspect juridique, y compris les questions d'assurances, mais aussi contrôle tous les documents produits par la cellule. En effet, les termes doivent être choisis pour ne pas envenimer la situation. Par exemple, *« diffamer »* et *« dénigrer »* ne recouvrent pas la même réalité et, surtout, leur utilisation n'entraîne pas les mêmes conséquences juridiques.

⇨ Son **rapporteur** qui tient la main courante et gère l'affichage.

⇨ Son **secrétariat** dont les éléments sont prévus dans la composition de la cellule et entraînés comme les autres membres.

Son organisation devra être prévue dans le détail, notamment :

➪ Ses modalités de **réunion** en toutes circonstances (nuit, week-end, vacances...) ;

➪ Le **conseil** en communication de crise qui sera sollicité, celui qui le remplacera s'il est indisponible ;

➪ Les moyens d'**alerte** des membres ;

➪ Les **locaux** de réunion utilisés, leur disponibilité, leur accessibilité ;

➪ La **logistique** à sa disposition (standard téléphonique, numéro vert, restauration, déplacements) ;

➪ Le **matériel** dont elle devra disposer (fax, ordinateurs, tableau d'affichage, véhicules, documents...).

Consignez cela dans une sorte de *« manuel de crise »*, avec les données qui vous seront utiles lorsqu'il s'agira d'organiser les actions correctives : qui fait quoi ? qui sait quoi ? qui a le pouvoir de décision dans tel et tel domaine ? où trouver les plus récentes données dans telle ou telle spécialité ? combien de temps prend telle ou telle action ?... Ce n'est pas la crise venue qu'il sera temps de se demander *« Qui voudra bien venir ? »* ; *« Comment on fait ? »* ; *« Comment se procurer tout ça ? »*

2.2. Être rapide et garder la tête froide

Même lorsqu'on est préparé, la crise arrive trop vite. Il faut donc pouvoir réagir très vite pour gagner le temps de comprendre ce qui s'est passé, d'évaluer l'ampleur que la crise peut prendre, le coût entraîné par l'inactivité, les retours de marchandise, les dédommagements... Il faut aussi répondre très vite car l'absence de réponse passe toujours pour un aveu. Toutefois, ne faites un communiqué instantané que lorsque le cadre juridique ou technique ne vous l'interdit pas et lorsque les causes de la crise sont bien identifiées. Les premières vingt-quatre heures sont capitales dans la communication de crise.

Le travail d'anticipation doit permettre de rester rationnel et de répondre vite aux attaques. Si vous ne fournissez pas immédiatement des résultats d'expertises en votre faveur, ceux-ci seront immanquablement dénigrés par la suite. Si vous refusez de donner des informations, Dieu sait où elles seront pêchées! Mieux vaut donner une information qui vous desserve sur l'instant mais qui vous réhabilitera par la suite que pas d'information du tout. Vos réponses doivent insister sur votre compréhension des inquiétudes, votre prise en compte de la revendication et votre volonté d'apporter une solution. Elles doivent traiter le problème tel qu'il est posé par l'extérieur et non pas tel qu'il se traduit en interne. Des formules chimiques, des descriptions de procédures ne rassureront pas le consommateur tandis que l'annonce du remplacement gratuit de la pièce défectueuse, par exemple, le fera.

Votre stratégie doit s'adapter à la nature de la crise et à votre degré de responsabilité dans la survenue du problème.

Vous pouvez :

⇨ **reconnaître votre faute** (l'erreur est humaine) vaut mieux que dire n'importe quel mensonge qui vous portera tort par la suite. Ce qui est mieux encore, c'est aller plus loin que ce qui vous est demandé. Par exemple, retirer totalement le produit de la vente alors qu'il vous était demandé de retirer les exemplaires fabriqués à une date précise ;

⇨ **nier votre responsabilité**, si vous avez des preuves flagrantes ;

⇨ **accuser quelqu'un d'autre** si vous avez également des preuves ;

⇨ **déplacer le débat** : ce dont on vous accuse n'est pas le vrai problème, le vrai problème est, par exemple, un complot destiné à ruiner les industries de votre secteur ;

⇨ **attaquer le média** qui vous a calomnié, mais uniquement si vous êtes irréprochable et si un seul média est concerné.

Notez dans une main courante tout ce qui se dit et se décide, en faisant apparaître la date et l'heure.

Cela vous permet de ne rien négliger pendant la crise (ne pas oublier une promesse, par exemple), et, plus tard, d'analyser à froid les événements pour en tirer parti et préparer l'avenir.

Faites systématiquement et régulièrement des points de cinq minutes, très fréquents au début, quand l'évolution est très rapide, un peu moins par la suite.

Il est indispensable que chaque membre de la cellule de crise ait les mêmes informations afin d'éviter toute désynchronisation pouvant entraîner des actions incohérentes.

Tout comme vous l'avez fait lors de votre formation en prévention de la crise, imaginez des «scénarios», c'est-à-dire envisagez le pire. Faites le tour des évolutions néfastes possibles en vous demandant : *«Qu'arriverait-il si…?»* ; *«s'il est vrai que…? si la machine…? si nous…? si l'administration impose que…? si les syndicats exigent que…? si les journalistes…?»* Cette attitude vous permet d'éviter d'entreprendre une action qui va certes corriger la conjoncture actuelle, mais qui provoquera un autre problème par la suite. Cette attitude permet également à la cellule d'éviter de déplacer son objectif de la résolution de la crise vers la cohésion des membres de la cellule, provoquant ainsi un effet Janis*.

2.3. Tirer parti de la crise

Après la crise, il ne faut pas espérer que les choses reviennent en leur état antérieur. La chute des commandes, la baisse de fréquentation, vont se poursuivre pendant un temps. Parfois même, certaines conséquences désagréables n'apparaîtront qu'à longue échéance ; par exemple, la stagnation d'un marché qui était en train de se développer avant la crise. Le retour de confiance dépendra de nombreux facteurs parmi lesquels l'indispensabilité du produit ou du service incriminé. C'est pourquoi il ne faut surtout pas interrompre les actions correctives lancées pendant la crise et continuer à assurer leur suivi. Par ailleurs, un sondage d'opinion pourra rompre votre incertitude en révélant si le grand public a gardé souvenir du problème ou de sa réparation.

En interne, il est indispensable de favoriser l'expression de chacun et d'entretenir la transparence de l'information. Des groupes de travail de toutes provenances devront être chargés d'analyser la genèse et la gestion de la crise en exploitant la main courante. Il s'agit de tirer parti du retour d'expérience tant dans le domaine technique que relationnel. L'analyse des difficultés, des pertes de temps, des négligences, de l'ordre dans lequel sont apparus les événements et surtout des prémices dédaignées, permettra d'éviter des erreurs, non seulement celles qui déclenchent les crises, mais aussi celles qui provoquent des problèmes isolés voire un mécontentement ordinaire.

De son côté, la cellule de crise devra plus que jamais continuer à vivre, reprendre ses réunions, remanier son organisation, sa composition, repenser ses moyens et ses procédures. Elle aura des éléments supplémentaires pour son entraînement notamment une possibilité de mesure de l'impact de ses opérations et deviendra beaucoup plus vigilante quant aux premiers indices d'une crise.

Plus que cellule de crise, elle deviendra cellule de veille.

10

●

Exprimez votre rage poliment
au lieu de râler

1. Identifiez l'émotion qui vous envahit

Nos réponses aux émotions que nous ressentons sont souvent inappropriées et vont perturber des personnes qui ne le méritent pas. En effet,
sous le coup de la colère ou de la peur, nous agressons la première
personne qui nous tombe sous la main et en faisons un ennemi, cela
de façon définitive si nous ne consacrons pas, par la suite, beaucoup
de temps aux explications.

Pour éviter ces pertes de temps, la première chose à faire lorsqu'une
émotion nous prend, c'est de lui donner son nom précis plutôt que la
nommer seulement *« malaise »* ou *« bien-être »*. L'identifier est, effectivement, un premier pas vers la remontée à notre conscience de
l'objet précis de ce qui nous fait râler. Ce n'est pas la même chose que
d'éprouver de la peur ou de la jalousie; il n'est donc pas normal que
nous donnions une même réponse, souvent un esclandre, à ces deux
sentiments différents.

⇨ **Augmentez votre vocabulaire des émotions, pour savoir les décrire**
Émotions désagréables
- *gêne*
- *incertitude*
- *excitation*
- *hostilité*
- *colère*
- *chagrin*
- *tristesse*
- *effroi*
- *nervosité*
- *ennui*
- *jalousie*
- *impuissance*
- *trouble*
- *peur*
- *…*

Émotions agréables
- *assurance*
- *certitude*

- *excitation*
- *sympathie*
- *calme*
- *joie*
- *gaieté*
- *courage*
- *quiétude*
- *plaisir*
- *plénitude*
- *enthousiasme*
- *trouble*
- *attirance*
- *…*

Sachez nommer précisément votre ressenti :

⇨ *Je suis **hostile** à votre proposition*

⇨ *Je me sens **exclu**(e) par ce nouvel aménagement*

⇨ *Je suis **désolé**(e) de cette situation*

⇨ *Je suis **contrarié**(e) par la situation que je viens de vous décrire*

⇨ *Je suis très **ennuyé**(e)*

⇨ *Je suis très **embarrassé**(e) d'avoir à choisir entre…*

⇨ *Je suis **perturbé**(e) par cette nouvelle organisation*

⇨ *Je suis très **gêné**(e) par les confidences que vous venez me faire quotidiennement*

⇨ *Je suis très **fâché**(e)*

⇨ *Je suis franchement **jaloux**(se) du succès que vous me racontez*

⇨ *Je suis réellement **déçu**(e) de ne pas participer à*

⇨ *Tous ces changements m'**effrayent***

⇨ *Cela me rend **triste** pour vous, mais je dois absolument…*

⇨ *Je me sens complètement **démuni**(e) face à tous vos malheurs*

⇨ *Cela me rend extrêmement **nerveux**(se)*

Sachez également exprimer vos ressentis positifs :

⇨ *Ce que vous venez de me dire me rend **heureux**(se)*

⇨ *Je suis extrêmement **satisfait**(e) de cette nouvelle*

⇨ *Je suis **ravi**(e) de participer à ce projet*

⇨ *Je suis **comblé**(e) par cette proposition*

2. « Conscientisez » vos sujets de contrariété

L'émotion reconnue, il vous faut en identifier la cause. En effet, comme nous l'avons vu p. 149, la mauvaise humeur s'accumule tout au long de la journée et a souvent pour origine quelques faits contrariants du matin. Ceux-ci sont bien plus faciles à relativiser immédiatement que plus tard, lorsqu'ils auront pris l'apparence du travail voire de celui qui donne le travail ou de celui qui aide à faire le travail.

Lorsque vous avez identifié une émotion, prenez donc cinq minutes pour réfléchir

Concrétisez cette réflexion par une affirmation telle que : « *Je suis jaloux parce j'ai appris ce matin que mon conjoint est chargé d'une mission intéressante aux États-Unis* » Cela fait, vous n'avez plus aucune raison d'en vouloir à qui que ce soit parmi vos collègues ou de pester contre votre travail. Cela ne guérit certes pas votre jalousie, mais vous indique où et avec qui il faut la régler. L'issue de votre réflexion aurait pu être : « *Je suis nerveuse parce que je sais que je vais avoir droit au récit des problèmes de madame Lafay* » ou « *Je suis humilié parce que je reçois des reproches* ». Ceux-là peuvent être traités dans l'entreprise, puisque c'est là qu'ils sont nés, et auprès de la personne directement concernée.

Cette procédure peut paraître longue, mais c'est parce qu'elle est décrite dans le détail. En réalité, elle ne demande pas plus que les quelques secondes nécessaires à la transmission de l'influx nerveux. Le plus long sera peut-être de parvenir à ne plus reproduire l'ancien comportement. Mais n'est-ce pas mieux que de se contenter d'un : « *Aujourd'hui, je suis de mauvaise humeur !* » et de s'en prendre au premier venu ?

3. Prenez bien conscience que vous «avez» des choses et que vous «faites» des choses que vous n'«êtes» pas

Quelquefois, l'émotion désagréable vient de ce que quelqu'un a agressé, attaqué, critiqué, contredit quelque chose qui nous semble faire partie de notre être. Tout ce que nous croyons constituer notre être n'est pas indissociable de lui, parce que trop souvent nous croyons *« être »* ce que nous *« avons »* ou ce que nous *« faisons »*. Or s'il est difficile d'ôter un membre à un être, il est tout à fait possible de lui retirer un *« avoir »* ou de lui faire modifier son *« faire »*.

Nos pensées et surtout nos actions et nos possessions ne sont pas nous. Le croire est pernicieux, notamment au moment des appréciations : comment faire bonne figure lorsque notre responsable fait le bilan de ce qui ne lui a pas plu dans notre travail et quand nous pensons *« être »* notre travail ? Comment ne pas monter sur nos grands chevaux lorsqu'on critique nos confrères ou ceux qui sont nés dans la même région que nous ? Cependant, avec un peu d'entraînement, il est très possible de cloisonner ce que l'on est et ce que l'on fait.

Trouvez une formule qui remplace le verbe être :

« Je suis informaticien » ⇒ *« J'ai un diplôme d'informaticien »*

« Je suis chef de service » ⇒ *« J'occupe actuellement la fonction de chef de service »*

« Je suis mère de famille » ⇒ *« J'ai des enfants »*

« Je suis fonctionnaire » ⇒ *« J'ai un emploi au ministère de… »*

« Je suis propriétaire » ⇒ *« Je possède une maison »*

« Je suis de l'Est » ⇒ *« Je suis né à Puttelange-aux-Lacs »*

« Je suis syndicaliste » ⇒ *« Je soutiens tel syndicat »*

« Je suis de gauche » ⇒ *« J'ai des opinions de gauche »*

« Je suis bête » ⇒ *« Je fais des bêtises »*

« Je suis critiqué » ⇒ *« Mon travail est critiqué »*

4. N'accusez plus; dites ce que vous ressentez

Si nous ne savons pas exactement ce qui a été blessé en nous, notre réaction est, le plus souvent, d'interpeller, voire d'insulter notre agresseur apparent. Tout ce que nous savons dire est : *«Tu vas arrêter!»*; *«T'es complètement givré!»*; *«Tu vois pas que tu embêtes!»*; *«Fais plus ça!»*; *«Et toi, tu t'es pas vu!»*; *«Si t'étais pas si désordonné!»*.

Nous cumulons là des erreurs que nous avons désormais identifiées :

1. Nous n'exposons pas le préjudice.

2. Nous ne donnons pas la cause du mécontentement.

3. Nous confondons les agissements de la personne et la personne elle-même.

Ce sont ces erreurs-là qui enveniment la situation au lieu de la résoudre.

La bonne façon d'exposer son grief va donc être celle qui exploite ces données, qui exprime le ressenti au lieu d'accuser. On peut la résumer en disant : il faut parler en *«Je»* au lieu de parler en *«Tu»*.

En Bref

Pour exposer son mécontentement :

1. Nommer l'autre poliment.

2. Expliquer les faits objectivement.

3. Dire ce que l'on ressent.

4. Dire ce qui provoque ce ressenti ; décrire le besoin que celui-ci empêche de réaliser.

5. Demander aimablement ce dont on a besoin pour éviter ce ressenti négatif.

Madame Lafay[1],

– *Tous les deux jours, je suis contraint(e) d'entendre vos problèmes conjugaux et mon travail n'avance pas[2].*

– *Cela me rend extrêmement nerveux(se)[3].*

– *Vous savez, j'ai besoin de me concentrer[4] pour traiter les dossiers en cours, sinon je relis dix fois le même texte.*

– *Ne pourriez-vous pas en parler à l'assistante sociale ?[5]*

Monsieur le directeur,

– *Je reçois des reproches systématiquement pour toutes les tâches que j'entreprends.*

– *J'en ressens une profonde humiliation et une grande démotivation…*

– *…car je m'applique pour tout ce que je fais et j'aurais plutôt besoin d'encouragements.*

– *Peut-être que je n'utilise pas les bonnes procédures et que vous pourriez me dire ce que vous attendez précisément de moi ?*

Cette procédure n'est pas celle qui transforme des relations tendues en relations euphoriques, ce n'est pas le but recherché. C'est celle qui apaise, qui réduit le stress, parce qu'elle met les choses à plat.

---

1. Attire l'attention sans agresser.
2. Aborde le problème de front en se concentrant sur les faits.
3. Si vous encaissez sans le dire ainsi, un jour vous craquerez démesurément. De cette façon, il devient clair pour elle que ses confidences vous perturbent.
4. Là, vous soulignez que votre revendication n'est pas un caprice.
5. Là, vous lui montrez que vous comprenez l'importance de son problème ; vous ne l'humiliez pas comme si vous l'aviez tout simplement envoyée balader.

Conclusion

Sur le thème de ce qui fait râler en entreprise, on ne peut prétendre à l'exhaustivité, car traiter en détail toutes les émotions et toutes les causes, et surtout toutes leurs conséquences, serait un travail sans fin. Ce livre ne répond pas non plus à une formation de thérapeute. Ne croyez pas, après sa lecture, en savoir assez pour jouer aux apprentis sorciers de l'inconscient.

Ce livre a la simple prétention d'attirer votre attention sur les conséquences néfastes de l'émotion quand elle est étouffée. Cela ne revient pas à prôner l'édification d'entreprises dans lesquelles l'émotion serait prioritaire. Cela revient, modestement, à conseiller l'identification du message réel dont l'émotion est porteuse afin de traiter cette cause réelle du mécontentement plutôt que d'en traiter une cause apparente, chose qui, comme tout manager le sait, ne résout rien.

Annexes

- Tests
- Fiches récapitulatives
- Glossaire
- Bibliographie

Test : Quelle est votre base dans l'ennéagramme?

C'est vous seul qui êtes apte à déterminer votre base d'après la description qui en est faite. Toutefois, si vous avez besoin d'une orientation de départ, faites ce premier test.

Faites 1 seul choix par groupe de 9 affirmations :

I. Le plus important :

❏ 1. Le plus important, c'est que tout soit fait comme il faut

❏ 2. Le plus important, c'est de rendre les autres heureux

❏ 3. Le plus important, c'est de réussir

❏ 4. Le plus important, c'est de se distinguer

❏ 5. Le plus important, c'est d'être autonome

❏ 6. Le plus important, c'est d'obéir

❏ 7. Le plus important, c'est d'avoir le choix

❏ 8. Le plus important, c'est d'être fort et droit

❏ 9. Le plus important, c'est que tout le monde s'entende

II. Ce qui mécontente le plus :

❏ 1. Ce qui me mécontente le plus, c'est les gens qui ne sont pas consciencieux

❏ 2. Ce qui me mécontente le plus, c'est les égoïstes

❏ 3. Ce qui me mécontente le plus, c'est les fainéants qu'il me faut traîner

❏ 4. Ce qui me mécontente le plus, c'est les gens vulgaires

❏ 5. Ce qui me mécontente le plus, c'est le gaspillage

❑   6. Ce qui me mécontente le plus, c'est les tricheurs

❑   7. Ce qui me mécontente le plus, c'est quand on m'impose quelque chose

❑   8. Ce qui me mécontente le plus, c'est les lâches, les mous qui ne se bougent pas

❑   9. Ce qui me mécontente le plus, c'est les gens qui ne respectent pas les autres

III. Expression du mécontentement :

❑   1. Quand je suis mécontent(e), je bous à l'intérieur, quelquefois j'envoie des piques

❑   2. Quand je suis mécontent(e), je ne parle plus aux personnes qui m'ont fait du mal

❑   3. Quand je suis mécontent(e), je dis ce que je pense, puis je n'y pense plus

❑   4. Quand je suis mécontent(e), j'ai l'impression que le monde s'écroule

❑   5. Quand je suis mécontent(e), je me dis que les autres n'ont pas la même vision des choses que moi et je cherche à comprendre

❑   6. Quand je suis mécontent(e), je cherche un moyen légal de punir les fautifs

❑   7. Quand je suis mécontent(e), je pense à autre chose qui soit agréable

❑   8. Quand je suis mécontent(e), je fais une colère

❑   9. Quand je suis mécontent(e), je bous à l'intérieur et j'essaie de m'occuper la tête (même à un truc idiot) pour ne plus y penser

IV. Le temps :

❑   1. Tout doit être fait dans le temps prévu

❑   2. On ne consacre jamais assez de temps aux relations humaines

❑   3. Tout doit être fait rapidement

❑   4. Mesurer le temps, c'est réducteur : il ne faudrait pas porter de montre

❑ 5. J'ai besoin de beaucoup de temps pour fignoler mon travail mais je définis des priorités

❑ 6. Je fais toujours mon travail dans le temps qui m'est imparti

❑ 7. Je n'ai jamais assez de temps pour faire tout ce que je veux faire

❑ 8. Les gens ne savent pas gérer leur temps !

❑ 9. On a le temps !

V. L'ordre :

❑ 1. Tout doit être rangé à sa place

❑ 2. L'ordre, ce n'est pas le plus important, c'est l'affection qui compte

❑ 3. Ce qui ne sert plus ne présente plus aucun intérêt et doit être jeté

❑ 4. C'est quand on a une idée pour le transformer qu'on regrette de s'être débarrassé de quelque chose

❑ 5. Il faut tout garder, surtout les écrits, car on a toujours besoin de vérifier la réalité de ses souvenirs

❑ 6. Je range comme on m'a dit de ranger

❑ 7. J'aime que tout ce dont je peux avoir besoin reste tout le temps à portée de ma main

❑ 8. Les gens ne rangent rien !

❑ 9. J'ai besoin de beaucoup de place pour tous les objets auxquels je tiens

VI. L'opinion :

❑ 1. Il faut toujours dire la vérité

❑ 2. On peut quelquefois mentir, pour le bien des gens

❑ 3. On n'est pas obligé de dire ce qui nous dévalorise

❑ 4. Mentir laisse un poids sur la conscience, qu'on porte toute sa vie

❑ 5. Je ne dis mes opinions que quand je vois que les gens qui me les ont demandées peuvent les comprendre

❑ 6. Je ne comprends pas qu'on puisse s'écarter de la vérité

❑ 7. Je serais bien embêté(e) d'avoir proclamé quelque chose, si par la suite je change d'avis

❑ 8. Comme si j'allais me gêner pour dire ce que je pense !

❑ 9. Quand on parle trop, on va au-devant de conflits

VII. Qualité :

❑ 1. Ma plus grande qualité, c'est la précision

❑ 2. Ma plus grande qualité, c'est la serviabilité

❑ 3. Ma plus grande qualité, c'est l'acharnement

❑ 4. Ma plus grande qualité, c'est le goût

❑ 5. Ma plus grande qualité, c'est l'objectivité

❑ 6. Ma plus grande qualité, c'est la loyauté

❑ 7. Ma plus grande qualité, c'est la créativité

❑ 8. Ma plus grande qualité, c'est la franchise

❑ 9. Ma plus grande qualité, c'est la diplomatie

VIII. Défaut vu de l'intérieur :

❑ 1. Je m'en veux quand je me trompe

❑ 2. Je m'en veux quand je néglige mon entourage

❑ 3. Je m'en veux quand je donne l'impression de ne rien faire

❑ 4. Je m'en veux quand je fais des choses sans originalité

❑ 5. Je m'en veux quand je fais quelque chose qui ne m'enseigne rien

❑ 6. Je m'en veux quand je fais une entorse à mes règles de vie

❑ 7. Je m'en veux quand j'ai pris une décision qui me ferme des voies

❑ 8. Je m'en veux quand je me suis laissé manipuler

❑ 9. Je m'en veux quand j'ai fait une remarque qui a fâché quelqu'un

IX. Défaut vu de l'extérieur (selon vous) :

❑ 1. On m'accuse d'être maniaque

❑ 2. On m'accuse de me mêler de ce qui ne me regarde pas

❑ 3. On m'accuse de me vanter

❏ 4. On m'accuse de trop m'investir affectivement et de faire des drames

❏ 5. On m'accuse de négliger l'aspect matériel et d'être indifférent(e)

❏ 6. On m'accuse d'être rigide et procédurier(ère)

❏ 7. On m'accuse d'être indécis(e) et dispersé(e)

❏ 8. On m'accuse de m'emballer sans écouter les explications

❏ 9. On m'accuse d'être velléitaire et apathique

X. Bonheur :

❏ 1. Je suis heureux(se) quand tout est fait à la perfection, dans les règles de l'art, jusqu'au moindre détail

❏ 2. Je suis heureux(se) quand les autres sont heureux

❏ 3. Je suis heureux(se) quand je peux me flatter d'avoir réussi

❏ 4. Je suis heureux(se) quand le cadre est beau et original, et que les gens se tiennent bien et expriment des sentiments profonds et sincères

❏ 5. Je suis heureux(se) quand je viens de comprendre quelque chose

❏ 6. Je suis heureux(se) quand tout le monde s'est conformé à la règle

❏ 7. Je suis heureux(se) quand je me suis bien amusé(e)

❏ 8. Je suis heureux(se) quand ils font tout comme j'ai dit

❏ 9. Je suis heureux(se) quand il n'y a pas un mot plus haut que l'autre

Cochez la case qui correspond au numéro de l'affirmation que vous avez choisie dans chacun des groupes :

	①	②	③	④	⑤	⑥	⑦	⑧	⑨
I									
II									
III									
IV									
V									
VI									
VII									
VIII									
IX									
X									
Bonus*									
Total									

* Vous avez droit à un bonus ; un seul. Si vous trouvez que ce test est imprécis, mettez-vous un bonus en ① ; si vous trouvez que ces questions ne sont pas charitables, mettez-vous un bonus en ② ; si vous trouvez que ce test est une perte de temps, mettez-vous un bonus en ③ ; si vous trouvez ces questions trop classiques, mettez-vous un bonus en ④ ; si vous avez tout compris depuis le début, mettez-vous un bonus en ⑤ ; si vous avez répondu oui à la question précédente pour vous vanter, mettez plutôt le bonus en ③ ; si vous vous méfiez des tests, mettez-vous un bonus en ⑥ ; si vous n'êtes pas arrivé(e) à vous décider, mettez-vous un bonus en ⑦ ; si ce test vous a énervé, mettez-vous un bonus en ⑧, et si vous craignez que ce test sème la zizanie, mettez-vous un bonus en ⑨.

La colonne dans laquelle vous avez obtenu le plus grand nombre de points correspond au numéro de votre base. Pour sa description, reportez-vous à la page 110 de ce livre.

Test : «Êtes-vous informé ou désinformé?»

Choisissez 10 affirmations que vous auriez pu prononcer, parmi les suivantes :

❏ 1. J'ai raison parce que mes amis m'approuvent.

❏ 2. Tout le monde ne voit que l'intérêt de sa classe sociale.

❏ 3. J'ai raison parce que, dans la conjoncture actuelle, on ne peut en venir à d'autres conclusions.

❏ 4. J'ai mon opinion, mais je ne sais pas si j'ai raison.

❏ 5. Ceux qui pensent autrement que moi ne voient que leur intérêt personnel.

❏ 6. Je suis pour la liberté d'expression tant qu'elle ne porte pas atteinte au bien de tous.

❏ 7. Tout le monde, sans exception, doit pouvoir s'exprimer.

❏ 8. Je romps avec ceux de mes amis qui ne sont plus dans le vrai.

❏ 9. Je fréquente des gens d'opinions diverses, mais nous ne parlons pas que de ce qui nous sépare.

❏ 10. Que l'on m'approuve m'importe peu.

❏ 11. J'ai raison parce que le journal que je prends dit la même chose.

❏ 12. Je lis tout ce qui me tombe sous la main.

❏ 13. Tout le monde veut le bien de l'humanité.

❏ 14. J'ai raison parce que je veux le bien de l'humanité.

❏ 15. La connaissance du passé, parfois lointain, permet de comprendre et de maîtriser le présent.

❏ 16. À l'école, on devrait nous faire discuter de l'actualité plutôt que de nous enseigner l'Histoire.

❏ 17. Je ne fais plus confiance à ceux que j'ai vu agir, ne serait-ce qu'une fois, de façon contraire à l'opinion qu'ils professent.

❏ 18. Tout le monde peut se tromper.

❏ 19. N'importe qui peut avoir du mal à concilier ses convictions nouvelles avec ses convictions anciennes.

❏ 20. Je demande toujours qu'on m'explique en détail avant de sanctionner.

❏ 21. Je sanctionne dès que j'ai constaté la faute.

❏ 22. Je suis pour l'interdiction des publications extrémistes.

❏ 23. Je ne voudrais pas qu'on puisse prétendre m'avoir vu lire un journal extrémiste.

❏ 24. Je suis pour l'accessibilité de toutes les informations sans exception.

❏ 25. Je ne rejette jamais une opinion sans l'avoir étudiée à fond.

❏ 26. Il suffit de voir qui la diffuse pour savoir si une opinion est bonne ou mauvaise.

Cochez les numéros des affirmations que vous avez retenues :

A	B
1	2
3	4
5	7
6	9
8	10
11	12
14	13
16	15
17	18
21	19
22	20
23	24
26	25
Total :	

Vous avez un total plus important dans la colonne A :

Vous n'êtes pas très bien informé. En effet, vous avez tendance à sélectionner la provenance de vos informations et, par conséquent, vous occultez les autres points de vue qui peuvent être riches d'enseignement. Vous vous méfiez également des opinions, mais ce n'est pas en les occultant qu'on les empêchera de se répandre et, au contraire, l'interdit a toujours été attractif. Vous avez également tendance à penser que les conclusions auxquelles vous êtes parvenu sont les seules possibles, cependant, il en existe autant que de groupes d'opinion. Chaque groupe pense lutter pour le bien de l'humanité alors qu'en fait il ne lutte que pour son intérêt. Attention, n'avoir qu'une source d'information, c'est être désinformé.

Vous avez un total plus important dans la colonne B :

Vous êtes assez bien informé, et surtout vous êtes ouvert à l'information. En effet, c'est en écoutant toutes les opinions, tout en sachant que certaines reposent sur des fondements irrationnels et que d'autres peuvent être dangereuses qu'on agit le plus judicieusement. Vous avez admis que la liberté de pensée ne se limite pas à penser comme vous et vous admettez que tout peut être remis en question à tout moment, mais que cela n'empêche aucunement de tirer régulièrement les conclusions les plus raisonnables pour agir au mieux au quotidien.

Test : «Êtes-vous harcelé?»

Répondez par «oui» ou par «non» à chacune des questions suivantes :

1. Le (la) collègue avec qui vous partagez votre bureau a affiché des photos de nature sexiste, raciale ou discriminatoire. `oui` `non`

2. Celui de vos collègues que vous trouvez le plus charmant vous invite régulièrement à sortir. `oui` `non`

3. Un(e) de vos collègues a l'habitude de vous toucher le bras lorsqu'il (elle) vous parle. `oui` `non`

4. Vous recevez régulièrement des lettres, des fax ou des messages électroniques allusifs ou insultants. `oui` `non`

5. Un de vos collègues vous a fait, à plusieurs reprises, des avances sexuelles flagrantes que vous avez visiblement repoussées. `oui` `non`

6. Votre responsable a critiqué votre travail en public. `oui` `non`

7. Un(e) de vos collègues a l'habitude de se moquer de votre famille, par insinuations, sans même la connaître. `oui` `non`

8. Vous avez été exclu(e) d'un groupe de travail. `oui` `non`

9. Vous n'êtes plus convoqué(e) aux réunions. `oui` `non`

10. Vous avez été exclu(e) d'un emploi sous prétexte que vous n'étiez pas suffisamment compétent(e) pour pouvoir l'exécuter de façon sûre et efficace. `oui` `non`

11. Votre responsable exige régulièrement que vous assuriez un rendement conforme aux normes de votre poste de travail. `oui` `non`

12. Les données nécessaires à l'accomplissement de votre travail disparaissent régulièrement de votre disque dur. `oui` `non`

13. Un de vos collègues a l'habitude de vous saluer d'une tape dans le dos. `oui` `non`

14. Des rumeurs courent qui nuisent à votre réputation. `oui` `non`

15. Un jour, votre responsable vous a fait une remarque déplacée. `oui` `non`

16. Un jour, un(e) de vos collègues vous a parlé sur un ton arrogant. `oui` `non`

17. Votre responsable vous a subitement, il y a quelques mois, confié des tâches sans intérêt ou ingrates qui ne font pas partie de vos fonctions normales. `oui` `non`

18. Vous avez été ouvertement menacé(e). `oui` `non`

19. Votre responsable contrôle régulièrement vos absences. `oui` `non`

20. Après avoir exprimé des préoccupations au sujet de comportements au travail vous paraissant contraires à l'éthique ou illégaux, on vous a confié des tâches que vous ne savez pas faire. `oui` `non`

21. Vous avez reçu un blâme parce que des documents confidentiels traînaient sur votre bureau. `oui` `non`

22. Votre responsable vous fait constamment des remontrances à cause de vos coups de téléphone personnels. `oui` `non`

23. Plusieurs de vos collègues se moquent régulièrement de votre apparence. `oui` `non`

24. Une de vos collègues que vous trouvez agréable fait régulièrement tout pour se trouver en votre compagnie. `oui` `non`

25. Un de vos collègues se complaît à raconter des histoires cochonnes. `oui` `non`

26. Votre responsable contröle régulièrement le résultat de votre travail. `oui` `non`

27. Vos collègues vous tiennent en quarantaine depuis des semaines. `oui` `non`

28. Une de vos collègues accepte vos invitations à dîner et à assister à des spectacles, puis vous accuse de la harceler. `oui` `non`

29. Un(e) de vos collègues a l'habitude de vous pincer quand il (elle) passe derrière vous. `oui` `non`

30. Vous dépendez de plusieurs responsables qui vous donnent souvent des ordres incompatibles. `oui` `non`

Exploitation :

Donnez-vous 3 points par réponse positive aux questions : 1, 4, 5, 7, 9, 12, 17, 18, 20, 23, 27

Donnez-vous 1 point par réponse positive aux questions : 3, 6, 8, 14, 25, 28, 29

Retirez-vous 0,5 point par réponse positive aux questions : 2, 10, 11, 13, 15, 16, 19, 21, 22, 24, 26

Donnez-vous 0 point par réponse négative

Vous avez obtenu de 0 à 10 : rassurez-vous, vous avez une vie professionnelle normale.

Vous avez obtenu de 11 à 19 : soyez vigilant(e), certains de vos collègues ont des manières pas très convenables et l'ambiance se dégrade sur votre lieu de travail.

Vous avez obtenu de 21 à 40 : analysez votre situation, il y a des chances pour que vous soyez harcelé(e)… à moins que vous ne soyez trop susceptible ou vous-même un «*harceleur*».

Êtes-vous un sujet «à risque»? Le diagnostic de harcèlement intentionnel aux fins de vous faire partir peut se confirmer si vous répondez «*oui*» à au moins une de ces questions :

1. Êtes-vous salarié protégé?   oui   non

2. Avez-vous été absent pendant une longue période?   oui   non

3. Êtes-vous l'un des salariés les mieux payés?   oui   non

4. Allez-vous atteindre l'âge de cinquante ans ou venez-vous de le dépasser?   oui   non

5. Un(e) jeune diplômé(e) en votre domaine vient d'intégrer l'entreprise?   oui   non

Comment éviter le mécontentement?

1. Chercher dans notre fonctionnement personnel les vraies causes primitives de notre mécontentement.

2. S'appliquer à expliquer et à se faire expliquer avant de juger.

3. Donner des permissions.

4. Cesser de reproduire scénarios* et jeux*.

5. Être vigilant quant à nos attitudes et à nos paroles.

6. Être attentif aux autres.

7. Écouter les revendications jusqu'au bout et mettre en évidence le motif objectif du mécontentement.

⇨ Accepter ce que l'on ne peut changer

⇨ Avoir le courage de changer ce qu'on peut changer

⇨ Avoir la sagesse de reconnaître la différence

Attitude du médiateur

1. **Ne pas nier l'existence du mécontentement**, souvent en ces termes : *« L'affectif n'a pas sa place dans l'entreprise ! »* ; *« Il est interdit de parler d'aventures amoureuses, de politique et de religion ! »*

2. **Ne pas *«engueuler»* celui-qui-fait-la-tête-sans-raison** ; il a sans doute ses raisons, il ne les exprime pas, c'est tout, et très certainement parce qu'on ne lui en offre pas l'occasion.

3. **Ne pas être dupe de la raison *«socialement convenable»*** avancée par celui qu'on presse de s'expliquer et qui craint la réaction de ses collègues. Un *« C'est parce qu'en peignant il a gâché tout le travail de menuiserie que j'avais déjà fait »*, concret, admissible, peut fort bien cacher un *« C'est parce qu'il a invité avant moi la fille avec qui je voulais sortir »*, nettement moins facilement avouable à la communauté.

4. **Ne pas moraliser** en général en ces termes : *« Ce n'est pas bien de croire que vos collègues ne vous acceptent pas ! »*

5. **Ne pas condamner** ce qui a été avoué : *« Vous avez tort d'en vouloir à M. Sycophante, il n'a fait que son devoir en rapportant ce qu'il avait appris sur votre vie privée. »*

6. **Ne pas se laisser influencer**, séduire, par l'apparente position de faiblesse du mécontent : *« Le pauvre, il ne l'a pas fait exprès. »* Vous ne réglez pas le problème, au contraire, vous l'amplifiez. Les collègues du *«pauvre»* vont vous en vouloir de prendre son parti et continuer à lui en vouloir à lui, et le *«pauvre»* va vous en vouloir de le mépriser.

7. **Instaurer un climat d'écoute permanent** à l'aide d'entretiens, de réunions, de structures d'expressions où les opinions marginales ne soient pas sanctionnées.

8. **Informer** largement et régulièrement car les rumeurs, premières causes du mécontentement larvé, naissent de l'absence d'information.

Procédure de gestion
d'un mécontent au téléphone

	Procédure	Commentaires
1	Souriez	*Le sourire change le ton de la voix ; elle est immédiatement plus aimable.*
2	Présentez-vous : *« Gérard Manbaillet » de la Société CHENOU »*	*Il est indispensable que votre interlocuteur sache à qui il a affaire. Un particulier préférera, par sécurité, attendre que son interlocuteur se présente. Monsieur et madame sont des titres que les gens nous doivent mais qu'on ne se donne pas soi-même.*
3	Dites : *« Bonjour ! »*	*Souhaiter le « bonjour » est une marque de reconnaissance positive indispensable.*
4	Écoutez attentivement sans réagir.	*L'écoute est une marque de reconnaissance positive indispensable.*
5	Notez le nom de votre interlocuteur dès qu'il le cite, si on ne vous l'a pas annoncé.	*Reconnaître et appeler vos interlocuteurs par leur nom est une marque de reconnaissance indispensable.*
6	Écoutez le reproche jusqu'au bout.	*Interrompre aggrave les choses.*
7	Reformulez le motif de mécontentement : « Si j'ai bien compris, vous n'avez pas reçu votre chèque. C'est ça ? »	*Nier, hausser le ton, raccrocher, se justifier, donner du « très chère madame » augmente inutilement la fureur de votre interlocuteur.*
8	Attendez l'approbation de votre correspondant et recommencez tant que vous ne l'avez pas obtenue.	

		Commentaires
9	Reconnaissez la faute et présentez vos excuses.	*Personne ne s'attend à trouver en face de lui quelqu'un qui reconnaît ses fautes (mêmes celles qu'il n'a pas commises); le faire culpabilise l'interlocuteur qui se radoucit aussitôt.*
10	Interrogez-le sur ce qu'il attend en réparation, ou, si c'est d'ordre logistique, proposez de renouveler l'opération loupée.	*Proposer trop vite éconduit; trop questionner frustre; accuser rabaisse; expliquer méprise; minimiser vexe.*
11	Concluez sur vos bonnes intentions futures et la poursuite de vos relations.	*Vos efforts n'ont de sens que s'ils sont destinés à transformer le mécontent en satisfait.*
12	Attendez que votre correspondant conclue lui aussi.	*Selon les règles du savoir-vivre, c'est la personne qui a appelé qui doit interrompre la conversation.*
13	Remerciez de l'appel et renouveler vos excuses.	*Marque de reconnaissance positive indispensable.*

Traiter les différents mécontentements

Problème	Conséquences	Traitement de l'urgence	Traitement à long terme
Client mécontent	⇨ stress des employés d'accueil ⇨ perte du client ⇨ effet « *boule de neige* » ; perte d'autres clients ⇨ plaintes des associations de consommateurs ⇨ procès ⇨ mauvaise réputation de l'entreprise ⇨ baisse du CA ⇨ perte de la confiance des investisseurs	Satisfaire voire « *sursatisfaire* ». MAIS ne pas faire payer les compensations au client complaisant qui deviendrait un client mécontent.	Prévenir par un travail d'analyse et résolution des problèmes (sous forme de formation/action) dont on pourra utiliser le résultat dans la communication d'entreprise.
Voisinage mécontent	⇨ mauvaise image de l'entreprise ⇨ risque de se voir attribuer la source d'autres nuisances ⇨ baisse du CA ⇨ perte de subventions ⇨ perte de confiance des investisseurs	Éclaircir objectivement l'affaire. Proposer une solution. Effectuer un suivi efficace de l'application de la solution choisie.	Prévenir par un travail d'analyse et résolution des problèmes qui : • donnera une image « *propre* » de l'entreprise • permettra d'identifier les problèmes à leur naissance et d'utiliser la cause du mécontentement pour une communication positive.
Salarié mécontent	⇨ stress des cadres ⇨ baisse du rendement ⇨ absentéisme ⇨ recours aux syndicats ⇨ grève ⇨ baisse du CA ⇨ difficulté à reprendre les rênes	Comprendre son problème. Si sa revendication est injustifiée, chercher à comprendre quel autre malaise elle cache. Quand la situation est éclaircie, négocier dans une optique gagnant/gagnant.	Inciter *tous* les membres du personnel à suivre une formation à la gestion du mécontentement quotidien qui permettra de : • comprendre les réactions réciproques ; • s'exprimer sans agressivité.
Chef mécontent	⇨ perte de primes ⇨ baisse de la note ⇨ stress de l'équipe ⇨ baisse de l'initiative ⇨ absentéisme	Rester calme. Se faire préciser officiellement ce qu'il attend de son équipe. S'engager à respecter scrupuleusement ses indications dans le cadre qui vient d'être défini.	Poser suffisamment de questions lorsqu'il confie un travail. Lui faire part des difficultés avant qu'elles ne deviennent des catastrophes.

Glossaire

Acte manqué : Action involontaire en apparence, qui en fait obéit à une volonté inconsciente (gâcher ses lettres de motivation sous prétexte d'ignorance).

Alter ego : Du latin : «*autre moi-même*»; personne à qui on fait, en tous les cas, confiance au point de l'autoriser à prendre des décisions importantes à notre place.

Cliver : Action de fendre un corps suivant ses joints naturels → clivage : séparation.

Compulsion : Tendance irrépressible à accomplir certains actes pour prévenir le sentiment d'angoisse qui naîtrait de leur non-accomplissement → compulsif; compulsivement.

Congru : Qui convient exactement à la situation, à ce que l'on souhaite exprimer → congrue → congruence.

Déni ou **dénégation** : Mécanisme de défense inconscient consistant à nier une réalité traumatisante : «*Ce n'est pas vrai!*»; «*Ce n'est jamais arrivé!*»; «*Ils se trompent!*».

Dissonance : Conflit entre une conviction et une information venant la contredire.

Dogme : Opinion donnée comme une certitude indiscutable → dogmatique.

Effet Barnum : Également appelé «*effet Forer*» ou «*effet de validation subjective*». Il désigne la crédulité des individus qui tendent à se reconnaître dans des descriptions très générales de personnalité et qui confirment leur foi dans des pseudo-sciences. Ex. : «*Vous avez de nombreuses qualités, mais vos points faibles vous empêchent de les exploiter pleinement. Vous êtes beaucoup plus créatif que vous ne le laissez paraître. Vous avez besoin d'être aimé…*»

Effet boomerang : Réaction qui se produit contre celui qui a voulu la provoquer envers autrui.

Effet de halo : Doter une personne d'une aura de qualités ou de défauts à la suite d'une simple information (sa photo, son adresse, sa voiture…).

Effet Janis : Échec de l'entreprise d'un groupe qui surestimait sa puissance, aveuglé par sa trop forte cohésion.

Effet placebo : De la première personne du singulier du verbe plaire au futur simple de l'indicatif en latin : «*Je plairai*». Obtention du résultat escompté sans autre intervention que la foi.

Émotion : Réaction affective brusque et momentanée, agréable ou pénible, souvent accompagnée de manifestations physiques (rougissement, pleurs, rire, aphonie…).

Empirique : Qui s'appuie sur l'expérience plutôt que sur les données scientifiques et le raisonnement → empiriquement.

Engagement : Force qui nous pousse à agir conformément à ce que nous pensons. Plus nous agissons selon une opinion, plus notre croyance en cette opinion se trouve renforcée et notre engagement augmente.

Ésotérique : Toute doctrine ou connaissance qui se transmet, par tradition orale, à des adeptes particulièrement qualifiés. Réservé aux initiés → ésotérisme.

Essence : Ce qui fait qu'une chose est ce qu'elle est, ce qui constitue la nature profonde d'un être.

Fanatique : Personne animée d'une passion violente et exclusive pour une doctrine, une opinion, un parti → fanatisme.

Fantasme : Scène imaginaire qui trahit, sous une forme travestie, les désirs inavoués ou refoulés d'un sujet → fantasmatique.

Fondamentalisme : Mouvement religieux protestant, apparu en 1896 à Chicago, qui fixe l'identité des fidèles autour d'une règle formelle et écrite, insiste sur la pureté doctrinale et s'en prend aux formes de la modernité telles que la critique biblique, le darwinisme scientifique ou l'idée d'une église intervenant dans la vie sociale. Par extension : intégrisme*.

Formations réactionnelles : Mécanisme de défense inconscient par réaction, consistant à désavouer une opinion, un sentiment, une émotion, une tendance... qui nous qualifie mais que l'on juge répréhensible ; cela par la manifestation excessive d'une motivation contraire (ex. : user avec excès de réunion et d'entretien pour se convaincre d'être un manager participatif – laisser du désordre pour nier sa maniaquerie).

Groupe d'appartenance : Groupe d'origine, celui qui nous a inculqué notre système de valeurs.

Groupe de référence : Groupe que l'on admire et dont nous revendiquons le système des valeurs.

Identification : Mécanisme de défense inconscient par lequel le sujet s'assimile à une personne ou à un objet.

Inconscient : Ensemble des éléments, selon Freud, qui ne sont pas accessibles à la conscience. Il peut s'agir de faits inconscients (actes ou sensations commis ou éprouvés par un sujet sans qu'il s'en rende compte) ou de phénomènes produits au fond du psychisme, ou encore de phénomènes trop faibles pour atteindre le seuil de perception.

Intégrisme : État d'esprit qui nous fait fusionner notre personne, nos idées, ce que nous faisons et ce que nous représentons en un tout indissociable qui doit demeurer intact : une intégrité. Ainsi lorsque quelqu'un en met en cause une parcelle, nous ressentons le tout agressé y compris notre personne la plus intime → intégriste.

Intuition : Conclusion tirée de l'organisation inconscientes de données (dont certaines sont inconscientes).

Isolation : Mécanisme de défense inconscient qui consiste à ne voir que l'aspect rationnel des situations pour ne pas être perturbé par les émotions qu'elles engendrent.

Lapsus : Erreur involontaire que l'on commet en parlant (*lapsus linguae*) ou en écrivant (*lapsus calami*).

Livre : «Les trois religions du Livre» : On appelle ainsi les religions qui ont la Bible (le Livre) pour référence ; c'est-à-dire, chronologiquement : la religion juive, les religions chrétiennes et les religions musulmanes.

Maladie psychosomatique : Souffrance psychique (psyché = âme) qui s'exprime à travers une maladie physique (soma = corps), les plus connues étant l'ulcère, l'asthme, le mal de dos, le fibrome utérin, le cancer...).

Maturité : État atteint par l'être humain lorsqu'il sait juger par lui-même à la lumière de divers points de vue.

Métaphysique : Recherche rationnelle ayant pour objet la connaissance de l'être absolu, des causes de l'univers et des principes premiers de la connaissance.

Monolithique : D'un seul bloc.

Mythe : Représentation supposée et simpliste que des groupes humains élaborent ou acceptent au sujet d'un fait et qui joue un rôle déterminant dans leurs appréciations → mythologie = étude des mythes.

Névrose : Affection nerveuse sans lésion anatomique visible mais entraînant des troubles du comportement. Contrairement à la psychose*, elle n'altère pas gravement la personnalité du sujet. Les angoisses, les phobies, l'obsession, l'hystérie font partie des névroses → névrosé.

Ontogénétique : Qui engendre l'être (ex. : un raisonnement ontogénétique).

Phobie : Crainte excessive, maladive et irraisonnée de certains objets, animaux, actes, situations ou idées → phobique → comportement contre-phobique.

Pression de conformité : Pression exercée dans le sens des opinions avouées d'un groupe. Tout individu, lorsqu'il fait partie d'un groupe, subit, plus ou moins, cette pression de conformité.

Projection : Mécanisme de défense inconscient consistant à attribuer à autrui un sentiment qu'on éprouve soi-même mais qu'on n'accepte pas (ex. : accuser autrui de discrimination quand on en est soi-même tenté) → projectif.

Prosélyte : Partisan qu'on gagne à une doctrine, à une secte, à une opinion (et qui s'applique à être plus zélé que ses initiateurs).

Prosélytisme : Zèle déployé pour faire des adeptes.

Psychose : Trouble mental grave : délires, manies, démences. Contrairement à la névrose*, le sujet n'a pas conscience des troubles dont il est sujet → psychotique.

Pulsion : Force interne irraisonnée qui nous pousse à certains actes (pulsion agressive ; pulsion sexuelle…).

Quérulence : Tendance pathologique à rechercher les querelles et à revendiquer, d'une manière hors de proportion avec la cause, la réparation d'un préjudice subi, réel ou imaginaire → quérulent.

Rationalisation : Mécanisme de défense inconscient consistant à attribuer des motivations socialement acceptables (logiques) à des comportements qui ne le sont pas (ex. : expliquer le favoritisme par les potentialités prometteuses du favori) → rationaliser.

Réaction : Réponse à une stimulation extérieure → réactivité.

Réaction : Se dit d'un mouvement d'opinion qui agit dans un sens contraire à celui qui a précédé → réactionnaire.

Réduction de dissonance : Mécanisme de défense inconscient consistant à diminuer la dissonance* (ex. : *« Pour moi, c'est pas pareil ! »* ; *« Ils se sont trompés quelque part ! »* ; *« Je n'étais pas si convaincu que ça ! »*).

Réflexes conditionnels : Réflexes produits lorsque certaines conditions sont réunies, quelques-unes pouvant avoir été introduites artificiellement (ex. : avoir faim lorsqu'on entend notre collègue déballer son sandwich ; se mettre en colère dès que quelqu'un s'excuse…).

Refoulement : Mécanisme de défense inconscient consistant à effacer complètement de la mémoire consciente certaines tendances ou certains souvenirs en les cachant derrière des souvenirs-écrans*. Lorsque le refoulement s'opère mal, des tendances contradictoires coexistent et créent des conflits intérieurs voire des névroses*.

Régression : Retour du sujet à un état psychique antérieur à la suite de frustrations / régresser.

Remue-méninges : Recherche d'idées en groupe avec pour règle la levée de toute censure (brainstorming).

Scénario : 1. Façon stéréotypée de gérer le quotidien. 2. Méthode des scénarios : méthode de créativité qui consiste à imaginer ce qu'il pourrait arriver en examinant plusieurs cas de figure.

Sectaire : Celui qui professe des opinions étroites, intolérantes et violentes.

Sentiment : Faculté que nous avons de connaître, de comprendre, d'apprécier, de sentir directement certaines choses sans le secours du raisonnement, de l'observation ou de l'expérience ; opinion subjective.

Souvenir-écran : Souvenir d'enfance insignifiant évoqué par l'adulte à la place du souvenir angoissant (par conséquent refoulé) qui correspond à la réalité.

Stéréotype : Opinion toute faite, figée, réduisant les particularités.

Stimulus : Agent extérieur produisant l'excitation d'un organe sensoriel.

Sublimation : Mécanisme de défense inconscient consistant à déplacer l'énergie d'une pulsion, vers des buts valorisés socialement (ex. : déplacer une pulsion belliqueuse vers une action sociale ou humanitaire ; déplacer une pulsion sexuelle vers une création artistique).

Symptôme : Trouble, gêne, douleur… décrit par le malade ou observé par le médecin.

Syndrome : Ensemble de symptômes.

Totalitaire : Qui englobe, ou prétend englober, la totalité des éléments d'un ensemble : philosophie, religion, parti, régime, système, règlement… → totalitarisme.

Utopie : Conception idéale du monde, trop parfaite pour être réalisable.

Bibliographie

ENNÉAGRAMME :

BARON Renée, L'*Ennéagramme facile*, Marabout, Paris, 1998.

CAVE F., LAUGERO D., TENENBAUM S., *L'Ennéagramme, connaissance de soi*, Inter éditions, Paris, 1998.

CHABREUIL F & P., *L'Ennéagramme, dynamique de connaissance et d'évolution*, Carthame, Paris, 1994.

IDE Pascal, *Les Neuf Portes de l'âme,* Fayard, Paris, 1999.

LONGIN Pierre, *Apprenez à mieux vous connaître*, *PNL et ennéagramme*, Dunod, Paris, 1995.

PALMER H., *L'Ennéagramme pour mieux se connaître et comprendre les autres*, Vivez Soleil, Genève, 1995.

ROGNONI Andrea, *L'Ennéagramme, nouvelle méthode d'analyse psychologique*, De Vecchi, Paros, 1997.

SALMON É., *ABC de l'ennéagramme*, Éd. Jacques Grancher, Paris, 1997.

MÉTHODES PRATIQUES :

BRAHIC M., *Les Entretiens professionnels ; la fin du casse-tête*, Éditions d'Organisation, Paris, 2002.

CHAUVEL A.-M., *Méthodes et outils pour résoudre un problème*, Dunod, Paris, 2000 (3ᵉ éd.).

CHOSSON J.-F., *L'Entraînement mental*, Seuil, Paris, 1975.

CLARET J., *Le Choix des mots*, PUF, Que sais-je ?, Paris, 1976.

CONQUET A., *Savoir écouter, Centurion*, 1970.

DESAUNAY G., *Comment gérer efficacement son supérieur hiérarchique*, Dunod, Paris, 1998.

COMMUNICATION :

BANDLER R. & GRINDER J., *Les Secrets de la communication*, Le Jour, Québec, 1981.

BERNE É., *Que dites-vous après avoir dit bonjour ?*, Tchou, Paris, 1977.

CYR M.-F., *Arrête de bouder*, Les Éditions de l'Homme, Genève.

LE NON-VERBAL :

ALAPHILIPPE D. & THOMAS R., *Les Attitudes*, PUF, Que sais-je ? n° 2091, Paris.

COLLECTIF, *Le Langage du corps et la Communication corporelle*, PUF, Paris, 1989.

DEVERS T., *Expression non verbale, attitudes et comportements*, Éditions d'Organisation, Paris, 1985.

KOSTOLANY F., *Le Geste et ses dérives,* La psychologie moderne, Paris, 1976.

SULGER F., *Les Gestes vérité*, Sand, Paris, 1986.

LA MALADIE MENTALE :

CHAUVIN R., *L'Éthologie*, PUF, Paris.

EIGUER A., *Petit Traité des perversions morales*, Bayard, Paris, 1997.

FORTIN B., *Intervenir en santé mentale*, Fides, Montréal, 1997.

GOLEMAN D., *L'Intelligence émotionnelle – 1. Comment transformer ses émotions en intelligence*, Laffont, Paris, 1997.

GOLEMAN D., *L'Intelligence émotionnelle – 2. Cultiver ses émotions pour s'épanouir dans son travail*, Laffont, Paris, 1999.

LANNOY DE J.-D. & FEYEREISEN P., *L'Éthologie humaine*, PUF, Paris.

MERCIER I. & OSMAN M., *J'ai un patron psychopathe*, OES, 2001.

MORNEY K., *L'Auto-analyse – Comment découvrir son moi*, Stock, Paris, 1978.

MUCCHIELLI R., *Les Complexes*, PUF, Que sais-je ?, Paris, 1976.

ROGERS C., *Le Développement de la personne*, Dunod, Paris, 1967.

Les sites à visiter :

⇨ pour les coléreux :

http://www.dsuper.net/~apres/

⇨ pour s'informer sur le harcèlement moral :

http://www.contreleharcelement.com/

http://www.hmstop.com/

http://www.ifrance.com/achp/

http://soshp.free.fr/

http://www.multimania.com/harcelement/

http://www.harcelement.info/

www.ingramcontent.com/pod-product-compliance
Lightning Source LLC
Chambersburg PA
CBHW060341200326
41519CB00011BA/1998